他的謊話妳的微笑

——解密男人最常說的66個藉口

李意昕◎著

原書名：男人為什麼愛說謊

【篇首語】男人的謊言，女人的心計

現實生活中，最讓女人頭疼的是——男人不說謊會死！一張巧嘴說得天花亂墜，說得白日見鬼，能讓妳陶醉，也能讓妳心碎。他總是選女人愛聽的話去說——「我很愛妳」、「我什麼都聽妳的」、「相信我，和妳在一起很幸福」……即便是分手，話也說得委婉動聽，「妳會找到比我更好的」、「我是為妳好」……女人看到的，永遠是一個有愛心、有責任感的好男人形象。

可是，沒有哪個男人能把自己完全藏在偽裝的面具下，一個眼神、一個微笑、一個姿勢，甚至一句話，都會暴露他內心的秘密。

面對男人的謊言，聰明的女人總會一眼看穿，她們已經從女孩蛻變成為女人，不再是那個熱戀中只懂惆悵的女子，也不是天真活潑的鄰家小妹。她們下得廚房，入得廳堂，在家裡，是賢慧的妻子，是慈愛的母親，在工作中是幹練的上班族。千萬別以為這樣的女人傻傻的分不清蜜糖還是毒藥，男人即便有一百張嘴也敵不過她的美人心計。

如此一來，男人與女人之間的永恆博弈就變成了一場特別有趣的遊戲，他一本正經的撒謊，她微笑著聽之並裝作信之。

很多有過感情經歷的女人，對男人的謊話都有切膚的感受和體會。不過話又說回來，一個男人是否值得女人去愛，重要的不是他對你說了多少謊，而是他自己有沒有迷失在人性的黑暗面裡。

聰明的女人，從不指望男人對自己句句都說實話，她對經常惡意說謊的男人，一腳踢開；對「不得不」撒點小謊的男人，卻會留點面子。因為她知道，有時候，男人說謊也是被女人逼的。想像一下這個場景：贅肉橫生的女人問老公：你看我穿這條緊身褲漂不漂亮？脾氣暴躁的女友問男友：我是不是溫柔體貼呀？作為男人，你怎麼回答？說假話，內心痛苦；說實話，肉體痛苦。男人都不是傻瓜，用謊話換來女人虛榮心的滿足，何樂而不為呢？所以，與其說男人有一張愛說謊的嘴，倒不如說女人有一雙愛聽謊話的耳朵。

有人說，男人一生中只說過三句真話，我累了、我餓了、我想要，其餘的全是謊話。當那些「謊話」來襲，妳是歎息，還是搖頭；是酸澀地回憶，還是抓狂地發洩？其實，妳大可不必深陷在「他為什麼說謊」的疑問中久久理不清頭緒。既然無法阻止男人說謊，不如讓自己成為「測謊儀」，在第一時間快速而準確地識破男人的各種謊言。

本書就是一本女性可攜式「測謊儀」，作者從愛情、婚姻、分手、曖昧、婚外情等幾個方面入手，透過講述身邊形形色色的情感故事來詳細分析男人為什麼說謊，以及說謊的心理動機，引領女人去瞭解男人真實的心理世界。此外，還一對一解答女人面對男人謊言的各種困惑，語言辛辣有趣，解決方法實用高效，針對性強。

讀懂了本書，妳就能識破男人的各種「陰謀詭計」。無論是「玩消失」的男人、打女人的男人、喜歡劈腿的男人，還是心裡裝著舊情人的男人、愛出軌的男人、吃軟飯的男人……全部現出「原形」。

【自序】因為所以，我要寫這本書

三十幾歲是一個女人最美好的時光。這個年齡層的女人褪去了年少時的青澀無知，在愛情的遊戲中，在男人的薰陶下，她從頭到腳散發著濃濃的女人味——成熟、性感、知性，一句話，風韻是她最好的注釋。如果她願意，既能自如地操控愛情，也可以遊刃有餘地經營婚姻。

做為一個35歲的女人，我為自己擁有的美好和成功驕傲，我很幸運，不僅擁有了幸福的婚姻和可愛的女兒，還享受著比較輕鬆的生活。每天朝九晚五上下班，不求更多，只求豐衣足食，安樂無憂。這是我的心願，也許會被指責「安於平凡」，缺乏理想。可我依然滿足現有的狀態，不為別的，只因為現代社會的男女之間，幸福太難得。

要說起來，我不過三十幾歲，所見所聞遠遠算不上「多」，可是在我身邊，在我記憶之中，在我不經意間，總會發現受傷的女人太多太多。從十八、九歲剛剛開始戀愛的女孩，到三、四十歲經歷婚姻滄桑的女人，她們都在小心翼翼地擔心：「那個男人是不是在騙我？」

他說：「我第一眼看到妳就愛上了妳，可是戀愛不到半年，他就人間「蒸發」；

他說：「我和她只是朋友關係」，卻被妳發現他腳踏兩條船；

他說：「我能不應酬嗎？」卻擺明了「我很喜歡應酬」。

他說：「我這麼做都是為了孩子」潛臺詞卻是：「妳怎麼就不能為了孩子多替我想想？」

他說：「妳沒有錯，是我錯了」，而真實的意思是：「總而言之，只要能夠平靜分手，妳怎麼樣看我都沒關係。」

……

男人說謊，天經地義，因為甜言蜜語最能打動女人心。特別是戀愛中的女人，想保持頭腦清醒，抵擋住男人柔情謊言的攻擊更難。因此，女人被騙財又騙色的經典戲碼也就常常上演。

女人受騙，心有不甘：「為什麼一個婚前信誓旦旦、無所不能的男人，婚後變得懶惰、冷漠、謊言不斷、不可理喻？」

被男人的謊言所傷，女人痛苦，悔恨，甚至自輕自賤，認為自己瞎了眼。可是這種自虐行為不僅感動不了男人，反而加劇了他的叛逆心理，想方設法擺脫女人的糾纏和控制。

男女之間，說到底是一場謊言遊戲。

見多了受傷的姐妹，聽多了分分合合的故事，我做為一個女人，一方面同情她們，痛恨男人的無情；一方面探究女人為何在情愛遊戲中總是如此被動，面對男人的謊言應該如何面對。

既然是謊言，總有背後的真相。太多數女人想到的是如何揭穿男人的謊言，逼迫他們不再撒謊，這無疑是一場耗費巨大心力卻不見效果的戰鬥。說謊是男人的天性，為了求歡他會說謊，為了遮掩錯誤他會說謊，為了敷衍他還會說謊……正如，他不說「愛妳」，妳自然不會嫁給他。

錯把謊言當誓言，是女人在情愛遊戲中的一大失誤。他說「等我有空了」，女人就真的「等」，一等二等等不來結果，著急上火，認為男人「說話不算話」、「騙人」。

其實，不管是男人還是女人，誰都免不了說謊。

美國心理學家研究發現，人們平均每天說謊200次，而男人說謊比女人要頻繁，因為男人在心理上比女人更難以消除挫折，因此他們說謊就更多。所以，我想對身邊的女性朋友們說，理解男人，包括他的謊言，是一堂情感必修課。

為此，我寫下身邊發生的各種情感故事，並做出一些見解和分析，儘管我說的不夠全面、不夠透徹，可是這些真實發生的故事和真實人物的命運起伏，對妳一定有所觸動、有所幫助。

Directory

第三章 閃爍其詞——男人婚後少不了的無奈謊言

Directory

第四章　虛情假意——為了分手不得不說的應付謊言

第五章　答非所問——玩曖昧離不開的試探謊言

第六章　口是心非——劈腿時為女人編織的迷人謊言

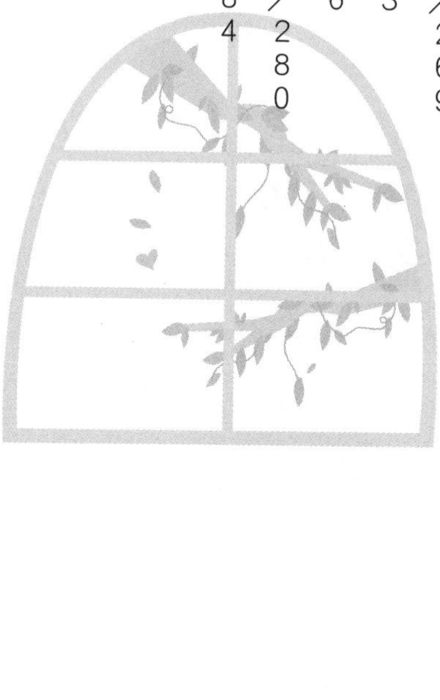

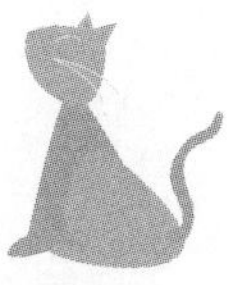

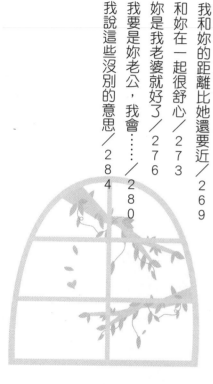

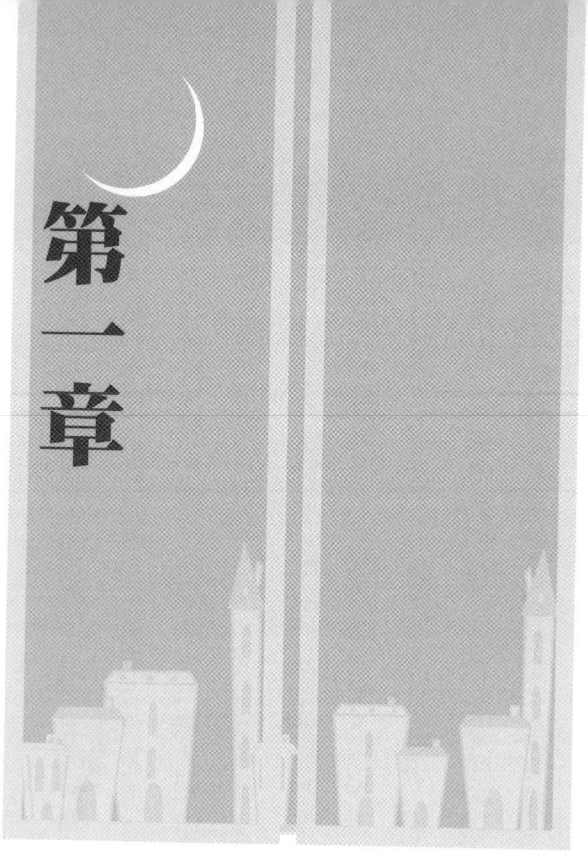

第一章

言不由衷——為了求愛不擇手段的虛榮謊言

01

「第一眼看到妳，我就愛上了妳」

【潛台詞】我是個花心的男人，如果妳是個花癡的女人，我們就快點戀愛吧！

那天，為了生意的事約朋友在星巴克咖啡館見面。談完事情之後，大家閒聊了起來。這時，一個叫阿薩的大男孩走過來，主動與我們搭訕。他穿著淺藍色純棉套衫，胸前印著球星圖案，帥氣的臉上閃著青春的光輝。阿薩才十八歲，是U2專賣店的推銷員，口才不錯。

朋友是個愛開玩笑的人，與阿薩聊著聊著，就聊到戀愛問題上，便問他：「你談過戀愛嗎？要是談過，是不是也曾違心地說過愛她的話呢？」

阿薩直言不諱地說：「我談過戀愛，也說過違心的話。」真是令人驚訝，他不過18歲，卻已經在愛情中撒謊！可是，阿薩好像沒當回事，他說：「我沒有其他選擇，不是嗎？如果我不說愛她，不表現出一見鍾情的模樣，女孩子怎麼會跟我好呢？通常，只要我說『我第一眼看到妳，就愛上了妳』，那麼女孩子都會被感動，妳知道嗎？她們都喜歡聽這句話，然後跟我交往。我和前任女朋友就是這麼開始的。」看他說的自然而陶醉，我忍不住責問他：「可是你這麼做是虛偽的，是在撒謊！」阿薩搖搖頭，一副無可奈何的表情：「沒辦法，我也不在乎。」

「也許是他太年輕了，玩世不恭。」懷著這樣的想法回到家中，晚上我坐在電腦前與好友聊天，對方是一位三十歲的男老師，自己創辦了一所藝術培訓學校，我幫他介紹過學生。我們之間很少談論感情的事，但這次想到白天的那個大男孩，就問了他同樣的問題。他笑了：「當我和女方相處愉快時，我自然對她說『愛妳』。不然她會不高興，不理我。至於『第一眼』的問題，這是很容易打動女人的話，只要感覺對方不錯，為什麼不說呢？」

我回了一句：「可是你真的愛她嗎？你這麼說不是騙人嗎？」

「騙人？」他顯然有些意外，「這怎麼是騙人呢？我只不過是為了營造一種愉悅的氣氛，讓彼此感到溫馨舒服。妳難道沒有說過這樣的話嗎？」

這倒是，「我愛你」幾個字總是在情人嘴裡進進出出，男人如是，女人亦如是。

可是我還不敢斷言，在男人心目中「我愛你」三個字到底意味著什麼，就把這個問題發佈到網路上，希望得到更多答案。其中一位事業有成的老闆回答說：「男人就此說謊，是一定的。當一個女人站在你眼前質問『你愛我嗎？』時，男人總想做點什麼讓她放鬆下來，最好的辦法就是說『是的，我愛妳。』如果不這樣做，她會怒氣沖天，搞砸彼此的關係。」

我追問了一句：「你這樣做，關係就不會搞砸嗎？」

老闆回道：「看看再說啦！不能死腦筋，也許有一天她主動離開，根本不用我說什麼。」

【心理剖析】

男人是簡單的動物，既想開始一段美妙的愛情，又不想費太多周章。所以我們會看到，女人總是慢慢愛上一個男人，而男人總是一眼就喜歡上女人。說到底，這與男人的本性有關，他們天生有喜新厭舊的一面，總希望陌生的女人來刺激神經，使自己興奮。女人，是他們征服的對象，沒有了女人，他們會無精打采，一旦征服了所追求的女人，他們的熱情又會迅速下降。

另外，男人對女人總是充滿了好奇心，無時無刻不試著去碰一碰不同的女人，但是，如果他們沒有發現新鮮感覺，很可能淺嚐輒止。「妳是我第一眼就愛上的女孩」，也就成了大多數男人從年輕時起就不斷重複的經典謊言。其實，他們一眼看上的不只是妳，還有無數個女人。

【見招拆招】

女人要記住，男人之所以這麼說，是因為瞄準了妳的虛榮心。要想不被虛榮拖下水，最好的招數是保持理智，視情況而定。如果對那個表白的男人毫無感覺，可以簡單回答：「對不起，我不相信一見鍾情。」或者開玩笑說：「我看了你N眼，也沒愛上你。」如果恰好對那個男人有些好感，但也不能太激動，要給他潑潑冷水：「是嗎？你是不是以貌取人呢？還是有什麼企圖？」

總之，在男人這句謊言面前，女人保持淡定，才能抓住主動權。

02 「為了妳，我會努力」

【潛台詞】別看現在的我不怎麼樣，卻是「潛力股」。選我吧！不會錯，增值空間無限哦！

前幾天，聽說大學同學張心芸離婚了，這真是個意外的消息。

張心芸是我們班的一朵花，當年追求者很多，她左右為難，不知選哪一個更好。那時我們都很年輕，常常幫她出主意、想辦法。最終，張心芸選擇了同系的一個「鳳凰男」。我很吃驚，問：「為什麼是他？他哪方面出色？」在眾人眼裡，他最多70分而已，比他好的男生多著呢。張心芸一臉陶醉地說：「妳們不知道，他說了，為了我，他會努力的。」

如此動人的戀愛故事，沒想到以分手告終。

感慨之餘，我想起曾經看過的一篇寓言：

一位美女遇到了四個追求者，各有優點，讓她難以取捨。朋友出了個主意，讓她進行一次測試。

美女拆掉新衣上的一顆鈕釦，讓四位追求者去買一顆同樣的回來。

幾天後，四位男士帶來了不一樣的結果。

第一位男士帶回一件新衣服，說：「買件新衣服一樣穿，還買什麼鈕釦，丟掉那件吧！」

第二位男士帶著幾顆一模一樣的鈕釦回來了，說：「找了幾天都沒買到，就託朋友從廠商買回了幾顆一樣的。」

第三位男士帶來的是四顆不一樣的釦子，他說：「跑了好多商場也買不到，我想本地可能沒有這種鈕釦了，就另外買了四顆，把它們都換下來吧！」

只有第四位男士空著雙手回來了，他一臉誠懇地說：「這幾天我跑了所有商場，都沒有買到同樣的鈕釦。親愛的，對不起了，我想既然如此，妳乾脆把其他三顆鈕釦也拆掉吧！沒有鈕釦，妳穿著一樣好看。」

美女分析了四位男士的表現，認為第一位太奢侈，一件衣服說扔就扔，跟這樣的人過日子，一旦自己年老色衰，也會像衣服一樣被扔掉。第二位過於精明，一顆鈕釦竟會大費周章地鬧到廠商，跟他過的話，大概事事聽他擺佈。第三位做的太實際了，雖然節儉，卻不浪漫。只有第四位，雖然兩手空空，卻是一腔真誠，為了一顆鈕釦跑遍全城，真是一位癡情郎。美女想到這裡，取下了衣服上的其他釦子，穿在身上試了試，果然好看。

真是浪漫又多情，美女嫁給了第四位男士。

可是，婚後美女的日子一點也不好過，她發現丈夫經常撒謊，人前背後，謊言不斷。為此，他們三天兩頭總是吵架。

這時，美女不免想起當年追求自己的其他三位男士，一打聽，他們的現狀讓她跌破眼鏡。第一位男士做了大生意，老婆的服裝、首飾經常換，但老婆始終沒換；第二位男士在職場中精明過人，做得非常順利，但在家裡對老婆百依百順；第三位男士經濟條件差一些，但生活井井有條，還包攬了所有家務事。

更讓美女痛苦的是，偶然間她從丈夫的朋友那裡得知，測試時丈夫根本沒有跑遍所有商場。其實他哪裡也沒去，只顧著和朋友們喝酒。

一個動聽的謊言，騙走美女的愛情和婚姻。

【心理剖析】

「為了妳，我會努力」，女人聽了男人這樣的表白，往往會被感動。可是，一個說這種話的男人，不外乎以下幾種情況：一，現狀較差，無法與女人匹配；二，缺乏自信，不敢面對未來；三，用大話掩蓋自己的心虛；四，一事無成。

這樣的男人值得女人信任嗎？

一個窮小子不是不可信，但是真正的男人會為了事業打拼，沒有時間跟女人表白自己。

忙著表白的男人除了心虛外，很難付諸行動。就是說，男人向妳表白的越多，說明他對未來越缺乏信心，對妳越沒有安全感。

【見招拆招】

開口閉口大談「為了妳怎樣怎樣，將來怎樣怎樣」，表明他不尊重妳。不管真誠與否，他不是太輕浮就是在騙妳。如果你們交往時間很短，最好聽也不要聽。如果有了一定的感情，心裡也要清楚，這個畫餅充飢的男人，很可能是在哄妳。

話說得漂亮，不如做的實在。

愛情當前，女人要清醒，那個與自己差別很大的男人，儘管信誓旦旦，也沒必要用一種「天將降大任」的心態去接納他。今天和他一起受苦，明天可能被他拋棄。這樣的例子屢見不鮮。

03「這麼巧，我想這就是緣分」

【潛台詞】有緣千里來相會，既然如此，我們何不開始一場妳情我願的戀愛呢？

有一次跟團旅遊，在用餐時我撿到一個錢包，裡面的身分證上顯示主人是位男性，出生年月日和我一模一樣。不多時，男人回來找錢包，為了答謝請我吃飯。當他知道我們彼此的生日一樣時，感慨道：「這麼巧，我想這就是緣分。」聽了這話，看著他寫滿誠懇的臉，一股莫名其妙的好感湧上心頭。接著，男人要求我留電話號碼，看樣子要與我交往下去。我猶豫片刻，還是搖搖頭拒絕了。

我起身離開，剩下他坐在那裡，一副孤獨尷尬的神情。

我很想回去安慰他，一個與我有著相同生日的「有緣」人，但我沒有這麼做。

生活中，太多的情愛故事都是從「緣分」開始，最終卻是有緣無分。

玫表姐不到三十歲就守寡，一個人帶著兒子生活。等她含辛茹苦把孩子養大，自己也到了中年。雖然是中年女人，但往後的日子還很長，她決定籌劃自己的「第二春」。

在朋友幫助下，她開始在電視上徵婚。對她來說，電視比網路可靠些，極有可能發掘到「如意郎君」。

徵婚啟事發出後，她開始不斷接聽徵婚者的電話。可是多數人一說話就很粗俗，除了注重現實條件，很少關心她是什麼樣的人，更別說她的孩子。玫表姐失望之餘，還有些煩惱。恰在這時，有個男人出現了，他說話溫和，舉止得體，更幸運的是他很關心玫表姐的孩子，他說：「我與以前的妻子離婚，就是因為我不能生育。這些年來，我一直想找個有孩子的溫柔女性為伴。真是太巧了，我想我們應該是有緣的。」

一段如此有緣的戀情迅速展開，他們很快同居，並商量婚事。

結婚過日子離不開金錢。玫表姐獨居多年，雖然收入不多，但是開支有限，也存下了一些積蓄，現在有了男人，當然要把這些錢交給他，讓他去打理以後的生活。誰知「未來老公」拿著錢去籌辦婚禮，竟然一去不返。

大家都明白，這個男人從此徹底「蒸發」，可是玫表姐不信，她一直靜靜地等著，等他回來完婚。

【心理剖析】

往往，以「緣分」為藉口的戀情，都是一個很大很深的陷阱。有些是不經意的，有些是人為的。女人相信緣分，認為這是浪漫。這與女人的年齡無關。男人也相信緣分，認為這是一次戀愛的好機會。所以，他對女人說「緣分」，製造「緣分」，意在勾起女人的浪漫情懷，直至投懷送抱。

男人把一次緣分當作一次機會，而沒有想到非要用這次緣分鎖定終生。而在女人眼裡：千萬人當中，在時間的無涯的荒野裡，沒有早一步，也沒有晚一步，剛巧趕上了。於是再也不肯放過這個有緣的男人。

「都是緣分惹的禍」，輕信緣分的女人，注定成為「緣分」的俘虜。

【見招拆招】

「緣分」沒有錯，錯的是如何對待「緣分」。

好著的時候，緣分是美妙愛情的最好說詞；不好的時候，緣分就是一種孽債。

對待巧合的緣分，女人先要問問自己，是不是對那個男人有好感，如果有，可以接著他的話，順著他的意，試探下去。如果沒有，那就乾脆一點：「我不相信緣分」、「我覺得這種巧合不太好」。

與這種以「緣分」為藉口的男人交往，要記住，和誰在一起，說白了是一個機率問題。每個人都有機會與成千上萬個人擦肩而過，給誰機會誰就和妳有緣，不是A，就是B。

生活不是傳奇。太巧合的愛情，肯定掩藏著很多虛偽。

04

「我脾氣很好，最能遷就人了」

【潛台詞】只要同意與我戀愛，不管妳是誰，我都會遷就一下。因為我的好脾氣隨時為每個美女準備著。

她是我多年前的同事，人很溫和，平日裡一副默默無語的樣子，很少招惹是非。不幸的是，在女兒婷婷六歲時，老公禁不起誘惑出了軌。這是很大的打擊，她無法原諒老公，一度鬧到離婚的地步。親朋好友都勸她：「為了孩子，還是忍忍吧！」她忍了，雖然不再幸福，但一家人就這樣繼續生活下去。

所謂苦盡甘來，十幾年後，婷婷大學畢業成為了一名工程師。她不僅工作出色，還遇到了一位貼心的男朋友。他們彼此感覺合拍，尤其是這位男友，性格很好，懂得哄人，從不惹婷婷生氣。有時候婷婷耍小性子，故意刁難他，他也不惱。婷婷對他講過自己家庭的狀況，說父親我行我素慣了，母親禁不起折騰等。他就勸慰婷婷：「放心吧！我脾氣很好，最能遷就人了。」

一切看起來都順風順水，兩個年輕人開始籌劃婚姻大事。這時問題出現了。原來，他們認識不久，男友就到嚮往的大城市工作了。由於工作忙碌，他們通常都是週末互相探望，自從婷婷的家人搬來，男友認為過去不方便，就變成了婷婷一個人跑來跑去。

一來二去，婷婷有些吃不消，加上打算結婚了，她認為男友應該回到自己的城市工作。可是這話一出口，男友就不高興了：「為什麼是我回去？妳是女的，應該嫁過來才對，哪能一輩子跟家人住在一起？」聽他不容置疑的口氣，婷婷十分生氣，說：「當初我就是想找個對我好的人，遷就我的人。要不然，像你這樣沒房沒車的人，我找你做什麼？」

男友也不甘示弱：「我去妳家，那是上門女婿，妳家給我準備房子了嗎？」

婷婷更氣了，她想，我都不在乎經濟條件，甘願與你一起打拼，可是你卻要我放棄父母、朋友、事業，一無所有地跟你走，憑什麼？她越想越氣，覺得男友說話不算話，當初說「最能遷就人」，現在倒好，一點犧牲都不肯做。一氣之下，病倒在床。

母親瞭解女兒的心事，她很難過，卻又無能為力。在這個陌生的城市，我是她僅有的知心女友，她找到我說了女兒的事，希望得到一些建議，幫助女兒度過難關。

【心理剖析】

一個自詡為「脾氣好」、「能遷就人」的男人，心底一定存有很大的壓力和無奈。遷就，是在壓制自己，迎合別人，誰能夠長久地做下去？男人有太多事情要做，戀愛只是諸多事情中的一件，如果他為了討好女人，一味遷就下去，就變成了女人眼裡的窩囊廢。這種男人，有幾個女人喜歡？而且，一個肯遷就妳的男人，想必也肯遷就其他女人。

所以，脾氣的好壞，不要只看他怎麼說，還要看他怎麼做。真正的好脾氣，不是順從、聽話、按部就班，不是今天一朵玫瑰，明天送來早餐，圍著妳團團轉；而是理智、負責地安排生活，有情有義地對待家人。偶爾地發發火，發洩一下情緒，說明你們之間的關係已經十分穩固，男人可以比較輕鬆地與妳在一起。

【見招拆招】

對於男人的這種好言好語，不妨姑且聽之，姑且信之，管他脾氣是好是壞，只要妳不肯與他深入下去，又有什麼可深究的呢？妳可以對他說：「好啊！日後你老婆和孩子一定很幸福，恭喜。」或者說：「我回去告訴我老公，讓他向你學習。」

當然，如果妳覺得那個男人可以接受，這正是一個好機會，順著他的話說：「是嗎？誰嫁了你這樣的男人，可真有福。」

接下來，可能會出現婷婷這種情況。從開始的遷就，變成後來的怨氣，這說明你們之間的關係非同一般。這時妳需要調整心態，愛，意味著犧牲，但不是妳強求對方去犧牲。婷婷一貫在家庭中扮演強勢角色，也希望未來的老公能聽從自己的安排，便牢記住了他當初的話「我脾氣很好，最能遷就人。」可是，他要找的是老婆，而不是多一個「母親」。

05

「我想照顧妳」

【潛台詞】我想用一時的照顧，換取妳一輩子的付出。

真是沒有想到，公司新來的李楠楠竟然遭遇這麼大的愛情挫折。那天，公司忽然接到員警電話，說他們把李楠楠從家裡解救出來，希望派人去接她一下。李楠楠最近一直請假，她男友說她病了，怎麼還驚動了員警？事情很快傳得滿城風雨，原來，她不是病了，而是被男友「鎖」在家裡。軟禁數日，她在衣服上寫下求救資訊，扔出窗外，被路人發現報警，才終於脫身。

聽起來彷彿是一段傳奇故事，卻真實發生在我們身邊。陸陸續續，關於這對怨男怨女的愛情經歷浮出水面。

李楠楠和男友是透過朋友介紹認識的，一開始，楠楠並沒有太在意他，後來有一次見面，他們正好順路，男友就把她送回了家。路上，他們聊了很多，從學習、工作到人生觀，讓楠楠驚訝的是他們之間有太多相似。男友好像也有同感，他說：「與妳相識很開心。」從此，他和朋友一起出去的時候，總是也約楠楠一起，很快，兩人就熟悉了。雖然時間不長，但是他對楠楠的關心和在乎，讓她很感動。

一天夜裡，楠楠去洗手間不小心摔倒在地上，頭撞到牆上，站不起來。還好電話握在手裡，就撥打了他的電話。對方睡意正濃，楠楠哭泣著說：「是我，我摔倒了，起不來……」不等她說完，他就掛了電話。很快，楠楠的家門被打開了，在男友身後，有員警、救護車、救護人員。

在救護車裡，男友一直抓著楠楠的手，安慰她。他焦急的眼神讓楠楠感到溫暖和依戀。

楠楠出院那天，男友把她送回家，並事先在家裡擺滿了鮮花。楠楠徹底感動了。男友抱著她說：「小傻瓜，以後不許妳受傷，我會心疼的。楠楠，讓我來照顧妳，好嗎？」

美好的愛情拉開了序幕。

冬天，楠楠有時忘了戴帽子或是手套，凍得發抖。男友總會輕輕敲著她的頭說：「小迷糊，這麼不會照顧自己。」看著她一臉無辜的樣子，忽然像變戲法似的不知從哪裡弄了一頂帽子，一副手套。楠楠愣住了，他趁機給她戴好帽子和手套，並愛憐地說：「上次妳也忘了，就知道妳是個糊塗蟲，所以早幫妳準備了。」

耶誕節到了，沐浴在愛河中的楠楠很想送給男友一件禮物，思來想去，為他織了條圍巾。男友收到後，開心極了，就送給她一條精緻的項鍊，是一個鎖。而他手裡還有一條項鍊，是把鑰匙。他說：「不管妳到哪裡，都被我鎖住了。妳是只有我一個人才能打開的鎖。」楠楠甜蜜地笑了，有這麼一個人永遠陪伴身邊，真好。

轉眼間過完了年，楠楠的工作繁忙起來，可惡的老闆還要她在情人節那天加班。兩人見面的機會少了許多，直到這天，楠楠為男友做好了晚餐，等他到十點鐘，還不見他回來，電話也不接。

凌晨兩點，男友回來了，一身的菸酒氣。他被炒了魷魚，滿心苦悶，對著楠楠又吼又叫。

楠楠原諒了他，第二天一切好轉。

接下來，男友開始不停地找工作。每次出門，楠楠都會親自為他穿上襯衫、西裝，預祝他面試成功。每次失敗回家，楠楠都會安慰他，勸解他。男友像個孩子一樣，抱著楠楠說：「我會努力找工作，我會照顧妳。」

可是，生活不是一句話的事。由於沒有合適的工作，男友的脾氣越來越暴躁，酗酒、抽菸，然後指著楠楠，說她會跟別的男人跑了、會被勾引了、會跟別人親熱等等，總之，他不相信她。

楠楠感到了害怕。

後來，男友變本加厲，開始限制她的行蹤，上班時給她打電話，檢查她是否上班了；下班時要求她在規定時間內到家，一旦遲到，他會發怒、咆哮。

這樣持續了六個月。

一天，楠楠下班時在路上遇到了同學，回去晚了。男友大發雷霆，抓著她又搖又晃，楠楠哭著讓他放手，開始反抗。男友被激怒了，甩過去一巴掌，罵道：「賤女人，一定是和別人交往了！」

兩人冷戰十幾天，男友一如既往道歉，請求原諒。可是楠楠心裡很痛，她不想原諒他了，她覺得應該給他一次教訓。男友給她寫信，寫檢討書，保證變回原來的自己、不再發脾氣、打人等等。

楠楠又一次心軟了。

但是男友沒有絲毫改變，反而更加變態了。下班時他去接楠楠，故意當著別人的面親她；每次回家的路上，他都走得飛快，看她在後面緊追慢趕，故意很詭異地笑笑說：「我就是要妳跟著我跑，只能跟著我跑。」

男友變著花樣監視、控制楠楠，她終於忍受不了了，要求自由。男友的回答是把她鎖進臥室，再也不放她出去……

【心理剖析】

男人說謊，很大的因素是為了能讓自己看起來更出色，更值得依靠。對女人說「我照顧妳」，既表達了愛意，又顯示出自己的強大。

給人照顧，這樣的人肯定有實力，值得信賴。哪個女人不想尋求一個強而有力的靠山，安全、可靠、有保障？

「我會照顧妳」，也就成了男人最愛表白的口頭語。

可是，照顧人不是一句空話，需要付出的是時間、金錢、精力和耐心。縱然愛情深似海，可是生活需要你忙碌在職場、生意場，哪有時間去照顧她？縱然有的是錢財和時間，可是你哪有耐心長久地付出不求回報？

愛情，應該有來有往，照顧，應該彼此對應。

真實情況是，男人在戀愛時為女人洗了一次衣服，女人將在未來為他洗一輩子衣服；男人在戀愛時做了一次飯，女人將要做一輩子飯；男人給了女人幾次歡愉，女人將為男人生兒育女，無怨無悔。

男人說照顧女人，唸的是一個高回報率的生意經。

「我永遠會照顧妳」，也就成了最令女人失望的一句話。

【見招拆招】

不想被照顧，很簡單、很乾脆地回絕即可，不可拖泥帶水。遇到死纏爛打的男人，視若無睹，不喜不悲，久了，也就淡了。

然而，大多數女人都喜歡被照顧，愛情也就由此展開，那麼，被他照顧理所當然，但不可順其自然。一個人的付出總求回報，想一想，他要的回報妳給得了嗎？給不了，就不能要求太多，應該適可而止，適時地回報，否則，利息太高妳會還不起的。

06

「我尊重妳的選擇」

【潛台詞】只要不妨礙到我，隨便妳，愛做什麼做什麼。

她是我MSN上的好友，網名「花之貓」，今年才二十二歲，還在紐西蘭讀大學。聽她的意思，她是投奔姑媽去的，可是姑媽忙著做生意，與她來往並不多。一個年輕女孩子在陌生的環境中，沒有親人和朋友，最容易做的事情就是與人談戀愛。

「花之貓」有過幾次不成功的戀愛，三個月前，她認識了一個叫Barry的男士，長相、身高等外在條件都不錯，還有一份收入穩定的工作。「花之貓」對他很感興趣，他呢？對「花之貓」也表現出了十二分的關心，可說是溫柔體貼，面面俱到。每天早上，他會打電話叫她起床，開著車送她上學，幫著買早點，請她吃晚餐，看電影。總之，只要是討好女孩子的事情，他都想到做到了。

最讓「花之貓」意外和感動的是，Barry非常尊重她，與她交往這麼久也沒有什麼出格的舉動，這與她以往接觸的男性不同，所以她心底又多了一份感激，認為他很紳士。另外，由於「花之貓」一人在外生活慣了，處理問題時常常自作主張，很少顧忌他人的感覺。她以前的男友曾對此頗有意見，認為她是個專橫的女孩。可是Barry不這樣，每每兩人有了不同的意見，或者「花之貓」突發其想做什麼事，他都會輕描淡寫地說一句：「沒什麼，我尊重妳的選擇。」

他對「花之貓」的過去也很少探究，而且說話風趣幽默。這樣的一位男人站在眼前，「花之貓」卻始終沒有明確表態，她對我說了幾點理由：第一，他還不是完全意義上的自由之身。他是結過婚的男人，與前妻雖已簽訂分居協定，根據紐西蘭法律，他可以戀愛但還不能結婚。第二，很多女孩子都喜歡向他傾訴，哪怕是午夜兩點，情感受挫的女孩需要他開解時，他也會不忍心「掛掉電話」。由於他太「好心」，他的前女友不放心，曾經偷偷爬窗進他家去看他的聊天紀錄。

有鑑於此，「花之貓」一度非常猶豫，既不想放棄他，又不願答應他。但是年輕女孩總是招架不住成熟男人追的，Barry在「花之貓」心裡的位置越來越重要。

這天是「花之貓」的生日，Barry送來了禮物，還邀請她一起去欣賞歌劇。「花之貓」一聽就不高興了，她說：「你怎麼不動腦子，我才不喜歡聽什麼歌劇，我要去逛商場！」就這麼一句話，Barry的感情忽然一落千丈，從此兩人開始了「冷戰」。

「花之貓」很後悔，她想了想，決定採取措施逼迫他回心轉意。一方面，她不斷暗示自己做錯了，一方面，她故意讓他看到自己又和另一名男生在接觸。就在她打如意算盤時，對方的表現卻不盡人意。Barry斷斷續續和她聯繫，有時候也會主動邀她，但又說：「先做朋友也好。」據「花之貓」瞭解，他與前女友也是保持這種狀況，在前女友生日時，還把車停在了她家門口一夜。

這讓「花之貓」很抓狂，她翻來覆去地琢磨，也猜不透Barry到底是什麼意思。所以，每次在網路上見面，她都會詳細對我訴說一些情況，以及她的想法，她問：「我是不是不該反對他跟其他女孩子來往？我到底要不要繼續與他溝通下去？」

【心理剖析】

顯然，這個男人是情場高手，不動聲色間，牽著女人的鼻子走。他向女孩子獻殷勤，陪她們聊天談心、吃飯看電影，讓彼此的交往充滿浪漫情調，可是他，就是不去主動表白。慢慢來，讓女人為他著急，才是他真正的樂趣。

這種男人是最虛榮的，他需要的與其說是愛，倒不如說是女人的仰慕。所以，他們會說「尊重女人的選擇」，以表現自己的紳士風度；所以，他們身邊圍滿了女人，以突出自己的高大和出色；所以，他們在女人的癡情消退時，會比女人更快地失去興趣。

現實中，一個把「尊重」掛在嘴邊的男人，肯定有些浮誇，至少對女人缺乏足夠的尊重。他不過試圖掩蓋自己的心虛，希望以此獲取女人的信任。

每個說「尊重」的男人，心裡都在想：只要不妨礙到我，妳愛做什麼做什麼。聽見了嗎？「尊重」要有前提，不能干涉到他的利益。

【見招拆招】

「花之貓」認為自己的一句話傷害了彼此的感情，可是從他們的交往經歷來看，Barry難道真的打算娶她嗎？一大堆的「傾訴女孩」，剪不斷、理還亂的前任女友，說明這個男人很討女人的歡心，卻不是戀愛結婚的好人選。

如果沒有非他不嫁的想法，只想追求一段浪漫的情史，那麼，妳不妨一試。如果打算腳踏實地地過日子，這樣的男人，還是離得越遠越好。

07 「相較外表，我更注重內心」

【潛台詞】雖然妳不漂亮，可是我還是勉強將就一下，其他女人比妳更醜。

「花之貓」還跟我講過她同學的故事：

芊芊和紫茹，兩人都十八歲，半年前一起到紐西蘭讀書。芊芊高個子，長相漂亮，人很開朗。紫茹就不如她了，黑瘦，而且不愛打扮，一副書呆子模樣。

由於長得漂亮，芊芊很快成為男孩子們追逐的對象。其中一位叫James的，是華商後裔，不怎麼會說中文，為了追求芊芊，特意學習了「妳好漂亮」、「我對妳一見鍾情」、「一日不見如隔三秋」等中文。終於，他打破了芊芊的心防，不到半年兩人感情就好起來。

就在他們的愛情如火如荼上演時，紫茹也意外地遇到了自己的愛情。

那天，紫茹正坐在湖邊聚精會神地看書，忽然走過來一個男生，自我介紹道：「我叫宋凱文，希望和妳交朋友。」紫茹吃了一驚，她注視著這個從天而降的帥哥，不知所措。宋凱文長得一表人才，年輕時尚，絕對是個優秀的戀愛對象。但是紫茹從小接受的教育很傳統，出國前媽媽還叮囑她不要隨便談戀愛。因此，面對宋凱文，她還是小心翼翼地表示不想與他交往。

宋凱文並不氣餒，從此他常常出現在紫茹身邊，吃飯時幫她買餐點，有事無事找她聊天，每天陪她上課下課，一起讀書、運動。每當紫茹遇到不順心的事，更是第一時間出現，替她分憂解愁，幫她打抱不平。儘管紫茹還是沒有表態，可是大家都清楚，宋凱文就是她的守護神。下雨時他寧可自己淋雨，也要把雨傘給紫茹用；吃飯時寧可自己挨餓，也要把好吃的留給紫茹吃。

哪個女孩子不渴望被守護？最終，紫茹被打動了，她問宋凱文：「你為什麼喜歡我？我並不漂亮。」

宋凱文一臉情深地表示：「相較外表，我更注重內心。」

紫茹很感動，她覺得宋凱文真的懂自己。不是嗎？自己愛學習，求上進，善良，聰明，這樣好品格的女孩已經不多見了。

然而，就在紫茹準備一心一意做宋凱文女朋友的同時，對方卻來了個一百八十度的大轉彎，他的熱情不見了，變得冷淡寡情。

相識滿三個月了，宋凱文提出分手。紫茹忍不住追問為什麼？宋凱文回答：「我們不合適。」就這樣結束嗎？紫茹很想挽回，想方設法去找他，卻難得一見。

這天傍晚，紫茹又來到校門口，她知道宋凱文經常在這個時候出入。果然她看見他了，開著一輛新車，身邊還有James等好幾個朋友，他們正在熱火朝天地說著什麼。她站在樹後看著、聽著，他們中有人說：「這車該是你的，你和那個灰姑娘的戀情，很好嗎？」有人接著說：「宋凱文，你開著新車內疚嗎？」宋凱文說話了：「不會，我又沒有對她怎麼樣。」James大笑著說：「芊芊這麼漂亮的女孩我都不要了，那個醜ㄚ頭當然不值一提。」

紫茹明白了，原來她不過是一群男生的賭注。宋凱文和同學們打賭，會讓一個聰明、老實的女孩喜歡自己，然後在三個月之後甩掉她。如果贏了，同學們給他買一輛車，如果輸了，他給大家買演唱會門票。

紫茹的愛情狼狽收場，芊芊的愛情也以失敗告終。

面對一場又一場失敗的戀愛，讓「花之貓」百感交集，她問我：「男人到底懂不懂愛？他們到底喜歡什麼樣的女孩？女孩應該怎樣才能獲得真愛？」

【心理剖析】

男人喜歡靚妹，這就像蝶戀花，花越香，蝶越狂。女人越漂亮，男人越喜歡，所以有人說男人是視覺動物，在醜與美之間，一定會喜歡後者。

美女總給男人們急切交往的衝動，即便是交往久了，他們也希望美女打扮搶眼，一來賞心悅目，二來帶出門去，外人見了，也會羨慕不已。身邊的女人越年輕漂亮，這個男人的地位和身價就會越高。

但是，男人很少說出心裡話，尤其面對一個長相普通的女人時，他們會說不在乎女人的外貌，最在意的是女人的氣質和心靈，究其原因，男人在情場打拼，需要顯示一下自己的品味。如果只為了漂亮而交友，會給人花花公子之感，虛浮、放浪，不可依託；而注重女人的心靈美，無疑表明自己是一個有修養、有分寸、值得愛戀的男人。這樣的男人，不僅醜女人喜歡，美女也喜歡。說不定還會引起連鎖反應，吸引無數女性競相折腰。

【見招拆招】

一個注重內在美的男人，固然值得珍惜，可是這種男人在男歡女愛的遊戲中出現頻率之低，簡直低於太平洋大峽谷，就算妳想破腦袋，也想不到在他心目中美女具有何等殺傷力。

幾乎沒有一個男人可以真正做到不在乎女人的外貌。當他們對妳這麼說的時候，有幾種可能：一，他身邊的其他女人比妳還要醜；二，他很聰明，不想刺激妳；三，他想給妳穩重和安全感，獲取妳的認同；四，其他情況，諸如故事中講的打賭遊戲。

當然，分辨男人的這句謊言並不簡單，看他們深情脈脈的表白，女人很容易被打動。這需要清醒的頭腦和敏銳的眼光，確認一下自己是否真的不夠漂亮；如果是，可以謝謝他的愛意，告訴他自己也很愛美。然後看他的眼神和反應，要是閃爍其詞，那麼他在說謊，只不過想以此勾起妳的好感。如果不是，可以大方地問他：「我的外貌和心靈一樣美，你更喜歡哪個？」

08

「我會陪妳逛街」

【潛台詞】等吧！等我有了時間和金錢，等我存夠了力氣，等我有了好心情，等……。

今天在網路上閒逛時，看到一篇網誌文章，上面寫道：「完全無法帶著他逛街。他一會兒要出去抽菸，然後就找不到他。他垂頭喪氣，好像挨了一頓悶棍，我試穿衣服時，他從來心不在焉。可是氣的是，我試了一件很貴的外套，問他怎麼樣，他居然回答『綠色和什麼都很搭』。」

一看就知道，這是個逛街時被男人氣到了的女人，在網誌上發一發牢騷，解解恨。

論壇裡有位年輕女人也在控訴：「男人，上床前跟妳有聊不完的話題，恨不能夜夜陪妳聊到天亮；男人，上床後彷彿不會說話了，每天晚上不到11點，就睏得眼睛都睜不開。男人，上床前想盡花樣與妳在一起，陪妳逛街、吃飯、看電影，上床後忽然工作忙了，身體累了，讓妳體諒他，千百次地重複一句話：『有空我會陪妳逛街，陪妳吃飯，只是最近有點忙。』」

又一個為逛街煩惱的女人！

其實，生活中哪個女人沒有這樣的經歷？一時興起，我在網路上搜尋一下「男人陪女人逛街」的話題，可巧的是一位年輕男子寫給未來老婆的信也涉及到這個問題。讀這封信，竟然從中發現了「陪老婆逛街」等數個「謊言」，令人啼笑皆非。

信是這樣寫的：

我很早之前就想給妳寫信了，未來的老婆，雖然不知妳身在何方，可是我相信緣分會給妳我牽線，讓我們在一起。我會等，等妳出現。我來自南方，今年剛剛二十四歲，可算是風華正茂。我知道這個年齡是集中精力做事業的好時候，但我控制不住自己，總是渴望妳能出現在我身邊。

我從小生活在鄉村，天廣地闊，度過了美好的童年時代。小時候我一度學業很差，功課不及格，但是長大後我知道讀書的重要了，我涉獵很廣，文史、地理都喜歡，大學時學習美術設計。懂得很多，卻不精通，繼續努力吧！

現在我在一家IT公司做設計師。我有個性，不喜歡求人，這是傳承父輩的特色。當年為了工作靠關係走後門，我一概拒絕，希望靠自己闖出一片天。當然，理想很豐滿，現實很骨感，雖有了一份自己喜歡的工作，可是不如意事常八九，但我堅定，既然選擇了這條路，就是爬也要爬到底。

我是無房無車一族，但有一顆年輕上進之心，更有一顆愛妳的心。呵呵，我的愛心只給妳，親愛的老婆。我會每天在妳睜開眼後第一時間說「愛妳」，在晚上十一點之前把妳哄上床；我不想妳為了苗條而減肥，但我知道美食、美麗的衣服對女孩子的誘惑，所以我會陪妳逛街，不管多久都樂意。到了節日，我們一起去旅行，享受陽光和快樂。

老婆對於我，不僅是情人，更是親人，我不要妳多漂亮多出色，只要妳能陪我一起奮鬥，互相鼓勵，陪我一起構築愛巢，我會用這輩子的時間給妳幸福。

我堅信，妳如我一樣，現在就在世界的某個角落靜靜等我，我的心，裝滿了愛，正等著妳的到來。

這個男人是多麼青澀，多麼可愛。真不忍心把他的誓言與「謊言」二字聯繫在一起。然而現實就是那麼殘酷，回頭看看那些女人的不滿和控訴，生活，究竟為何如此真真假假？而女人，又該怎樣對待男人陪自己逛街的謊言？

【心理剖析】

儘管很多男人在看球賽時，為了討好老婆會表示一下：「親愛的，世界盃之後，我會陪妳逛街哦！」然而事實證明，這是男人徹頭徹尾的一句謊言。科學研究證實，90%以上的男人不願陪女人逛街，去了，也是被迫的。造成這種被動局面的因素主要是性別決定的。

在人類社會之初，男人和女人被賦予了不同的分工。做為獵手，男人必須迅速反應，做出決定，這樣，他們在圍捕獵物時才能有所收穫，降低危險。所以，男人購物時會預先想好買什麼，然後在盡量短的時間內買到貨物，回到家裡，結束一次行動。女人則不同，做為採集者，她們有充足的時間在森林中採蘑菇、摘果子、收集各種食物，這就像她們在市場中逛來逛去，根本不在乎消耗多少時間去選擇貨物一樣。

同時，研究發現男女的視野也不相同。男人身為狩獵者，需要辨別遠處的物體，所以練就一雙望遠鏡一樣的眼睛，盡量往前看，而不是環顧左右。女人的視野與之相比，則更加開闊，平均視角比男人寬90度，即使不用轉動腦袋，她們一樣可以看到四周更多東西。在商店內，她們可以輕鬆自如地觀察各種商品，做出選擇判斷。這種能力為她們購物提供了極大的方便和樂趣。

【見招拆招】

既然上帝賦予了男女不同的性別，也賦予了他們不同的生活經驗和生存本領，那麼聰明的女人就要明白，男人不肯陪自己逛街無可厚非，大不了找一兩個好友代替他。如果非要男人陪伴自己，也不可強迫和限制他們，最好的辦法是：第一，出門前記得問問他想買點什麼，關心他，他才會真心陪你：第二，不要把他搞得太累，可以給他自由休息的時間；第三，切記把他弄得太窮，一次購物太多，有了負擔，下次他就不敢陪妳了；第四，逛街也要動動腦子，最好別把他需要的東西放在開始和最後買，自己的東西放在中間買，這樣讓他始終感覺有目標，有計畫，更適合他的性別特色哦。

09

「我認為最美好的那一刻，應該留到結婚那天」

【潛台詞】對妳，我還把握不準，妳要是願意與我結婚，我也許會多付出一些；要是只談談戀愛，對不起，我不能為妳做太多。

網路戀情無處不在，這不，一個女人與一個男人的戀愛故事在我們的網路社群裡鬧得沸沸揚揚。他們本是網路認識的，在一個社群裡玩久了，也算日久生情。女人網名芳草，男人網名農夫，一開始，男人開玩笑說：「農夫除草。」女人說：「你試試，怕你除不掉。」就這樣，他們的關係迅速發展起來。他們互發了照片，每天都有一兩個小時的聊天，後來還通了電話。

芳草三十歲，前年離異，孩子跟著前夫，她一個人生活，日子有些寂寞。農夫恰恰相反，他比芳草大十歲，有家庭，事業成功，絕對算得上中產階級。

彼此有確定的資訊，戀情顯得更真實了，接下來的半年時間，他們往來不斷，互訴衷腸，甚至談到了未來。

社群裡的朋友都覺得他們很般配，有人還跟芳草開玩笑：「遇到有錢人了，可得請我們吃大餐。」芳草雖然沒有刻意在乎對方的錢財，但她想，這樣的男人不該吝嗇，物質上不會虧待自己。

可是事實令她頭痛不已：他們交往的半年多來，農夫不僅從沒有為她花過錢，而且每次提到「錢」字，他都很敏感，立刻裝聾作啞。

一次，芳草的同事結婚，買了條非常昂貴的鑽石項鍊。她見到農夫時，不免說起這事，結果農夫一聽，立刻岔開了話題，說：「我這次來這出差，有很重要的事情，晚上就不陪妳吃飯了。」然後，不顧夜黑風高，讓芳草自己回家。芳草還有些納悶，心想這麼急著趕我，是不是有什麼隱情？後來，在女友提醒下她才明白，原來農夫害怕她藉機索取鑽石項鍊。

芳草不過是隨口說說，竟讓農夫如此戒心，她深感心寒。

其實，芳草的生活雖不富足，也達到小康，她與農夫交往，完全是出於感情需要。她覺得彼此之間的感情還是真誠的，「理性交往」不破壞對方現有生活，可是農夫的小氣實在令她難堪和不解。畢竟，女人都是愛慕虛榮的，跟這樣一個「鐵公雞」相處，怎麼都讓人彆扭。有時候，她也試探著說希望男人送給自己什麼禮物，可是農夫根本不接這個話題。

回想起來，芳草覺得自己付出比他多得多，每次坐車去看他，都會給他帶去各種禮物，他會很高興、很感動、很珍惜，可是永遠只是嘴上說說，從沒有過任何實際的物質表示。

端午節到了，社群裡的朋友打算聚一聚，芳草和農夫都在被邀之列。她決定藉機再試探農夫一下。聚會前一天，她和農夫聊天時說：「明天，我想度過一個美好的日子。」農夫說：「好啊！我陪妳去。」一說完，發過去鮮花、禮物、擁抱、愛心等圖像。以往，芳草會很感動，可是這次，她感覺到了虛偽，於是接著說：「我想穿著漂亮的服飾，在一間雖不奢華但卻浪漫溫馨的西餐廳用餐，最好請朋友們一起坐坐。」

之後，農夫沉默了許久，終於回了一句話：「我認為，最美好的時刻應該留到結婚那天。」

芳草潸然淚下，不知為什麼，她忽然決定不再與農夫繼續下去了。她發簡訊問我：「妳說，這個男人到底是什麼心態？」

【心理剖析】

男人說謊，多是為了應對危機。當他不肯付出更多時，說明他並不像自己說的那麼在乎妳。一個男人真正在意女人的重要象徵，就是為她花錢從不心疼。花錢不在多少，億萬富翁花了百萬博妳一笑，有可能是虛榮；一般工薪花了千元為妳購買生日禮物，或許出自真心。

可是，貪心是人之常情，男人也一樣，年齡越大的男人，往往錢抓得越緊。他們希望收穫激情，卻想著最好不要有任何投入。特別是四十多歲的已婚男人，他們有了足夠的從容應對愛情，零成本、高產出，一個願意為他貼錢貼愛的女人，是他最渴望的婚外情戀愛對象。

【見招拆招】

不要不好意思談錢，禮物是情感的表達。男人送女人禮物，是天經地義的事情。已過了浪漫年齡的熟女，更該明白這個道理。

但要分清禮物的輕重，他多餘的東西給妳，不必感動；他缺少甚至沒有的東西，費盡心思給妳弄來，說明他真的重視妳。

簡單的一個「愛」字，實在太顯單薄，不足以表達愛意。一些浪漫的小禮物，諸如鮮花、飾品，無足輕重，也不必放在心上。

女人就是要男人追的。一個有錢人送妳昂貴的禮物，也未必真心對妳；但是他如果在忙碌的時候抽出時間陪妳逛街，哪怕只買了一盒化妝品，也說明他真心待妳。因為他把自己最缺少的時間送給了妳。

所以，面對那些不肯付出的男人，女人最好擺正心態，要嘛認了，只與他談愛，不談錢；要嘛衡量一下得失，從現在起少一點付出，不要日後後悔，告訴他：「沒有禮物就別說愛我。」

10 「如果錯過了妳，我不知道還能不能遇到更好的」

【潛台詞】到目前為止，妳是最好的；不過，明天也許會有更好的女人等著我。不如妳再等等我，等我遇到更好的，妳再離開。

悠悠比我小十來歲，是家裡的獨生女，從小生活在優越的家庭環境中，屬於那種大小姐脾氣。我常說：「妳是典型的『草莓族』。」她撇撇嘴，不以為然：「什麼呀，我很獨立。」自以為獨立的悠悠大學畢業後，在父母安排下進了一家跨國公司。這是很吃香的行業，加上她長相出眾，身邊圍滿了各式各樣的追求者。後來，一個富家子弟殺出重圍，贏得悠悠的芳心，兩人步入婚姻殿堂。

不過很快，悠悠就對老公產生了不滿，他缺乏事業心，每日裡除了玩遊戲就是與朋友吃吃喝喝，家族的公司，還是他老爸說了算。一來二去，小倆口鬧翻了，悠悠二話不說與他離了婚。

離婚之後的悠悠開始了重新選擇，一開始，她覺得自己沒生過孩子，人又年輕漂亮，還不是想找什麼樣的就找什麼樣的。可是她慢慢發現自己錯了，結過婚的女人彷彿打折商品，尋尋覓覓，「買主」大多也是條件較差的男人。這些男人幾乎全是離過婚的，而且優秀者少之又少。好不容易遇到一兩個有事業、有思想的男人，卻個性不合，難以發展。

一晃幾年過去了，悠悠覺得自己真成了「剩女」，心中的滋味，很難說清。

這時，終於出現了一個相對優秀的男人，不僅事業有成，還答應幫助悠悠在事業上更進一步。但美中總有不足，這個男人與前妻有一個孩子，這個孩子跟著他，性格孤僻，很難與人相處。

自從相識後，這個男人對悠悠展開了強而有力的追求，送禮物送溫情，打算一舉擄獲美人心。悠悠感受到了他的激情，也認可他的為人和能力，可是她還有顧慮，那就是孩子，所以遲遲沒有明確的答覆。

這天，悠悠和我逛街，恰好遇到了那個男人。悠悠對他有些冷淡，還說能分手就分手之類的話。男人聽了，一臉傷感，語氣都變了，最後竟哽咽著說：「如果錯過了妳，我不知道還能不能遇到更好的。」

悠悠顯然被他打動了，許久不語。

沒想到，這次見面之後他們的感情迅速升溫。接下來，悠悠分分秒秒都覺得自己是個幸福的女人。

女人的幸福總是洋溢在臉上，我每次見到她，都忍不住稱讚幾句：「戀愛讓女人美麗，妳真是越來越漂亮啦，什麼時候吃請喜糖啊？」悠悠也不迴避，認真地回答：「快了。」

不久，這位快要結婚的準新娘卻找我大訴苦衷。原來她根本無法與男友的孩子處好關係，由於男友工作較忙，常常讓悠悠幫他帶孩子，可是悠悠從小嬌寵任性，哪有心思帶好別人的孩子。她不願帶，結果男友對她越來越冷漠。

最終，他們的愛情畫上了句號。

悠悠傷心過一段時間。之後，大約過了三個月，她忽然恨恨地對我說：「妳聽說了嗎？他又熱戀了。我還以為他能回來找我，真沒想到，這麼快就和別人交往了。」接著，她又繼續抱怨，他的新女友長相多差，也沒工作，總之，根本無法與她相提並論。更讓她無法釋懷的是：「當初他說錯過了我，就找不到更好的。那他為什麼不珍惜我？還有啊！我們處了大半年，他這麼快就跟別人好了，真懷疑他當初有沒有愛過我？」

【心理剖析】

男人是現實的動物，他們怕麻煩，如果覺得眼前的女人差不多，寧可將就，也不願意換掉。這是他們說「如果錯過了妳，我不知道還能不能遇到更好的」的內在動因。眼前的女人，並非真的多麼好，只是他覺得還可以繼續下去。

但是女人不同，她們希望在男人心目中是獨一無二的，無法替代的。所以，她們很喜歡聽男人說這句話，當真以為男人離不開自己。

其實，愛情是雙方互動的遊戲，當女人單方面高高在上，彼此失去了平衡時，遊戲就不好玩了。

沒有哪個男人願意消耗時間和精力原地踏步等一個女人，也沒有哪個男人不知疲累地扮演妳父母的角色，他們需要的是情人、伴侶，互相扶持，共度歲月。說實話，男人最害怕的是「女人荒」。他身邊沒有女人，會感到恐慌、憂慮、不知所措，因此，離開一個女人後，會很快尋找另一個女人，天性使然。

【見招拆招】

當男人說這句話時，說明他已經比較在乎妳了，願意與妳發展下去，但不代表離開妳他就無法活下去，再也不找其他女人。所以，做為愛情女主角，最好不要像故事中的悠悠那樣倨傲。很明顯，她既是一個小女人，渴望被優秀的異性征服；又是個嬌小姐，習慣性挑剔和操控對方。兩種性情混合到一起，變成了婚姻與戀愛的大問題。

因為，不管多麼優秀的女人，好職業、好出身，都抵不過年輕美貌。已是「剩女」的悠悠，要學會向現實做些妥協，否則，好男人出現的可能性會越來越小。

哪個女人甘於平庸？拒絕平庸，不是嫁個優秀的男人了事，最好的辦法是自己力求上進，同時給身邊的男人上進的動力。

11

「相信我，我會是一個好男友」

【潛台詞】很多女人都不信，求求妳，就信了吧！

一次陪朋友去相親，在咖啡店面對面坐著，沉默了一段時間，男方忽然開口說：「相信我，我會是一個好男友。」

我和朋友都嚇了一跳，沒想到一來就遇到了傳說中的「極品男」。相親說出這樣的話，固然突兀得令人發冷。可是為了求愛，這樣表白的男人並不在少數。看看那些收視率頗高的相親節目，有多少男人會對心儀的女生說出這句話。

柯兒和李靖翔就是在相親節目中認識的。柯兒二十六歲，在讀研究所，李靖翔比她大五歲，公司主管，能力很強，有事業心。李靖翔對柯兒稱得上一見傾心，在節目中過五關斬六將，把最精彩的表現都呈現給了柯兒。在節目最後，他手捧鮮花等待柯兒時，說了一句令全場所有人都感動的話：「相信我，我會是一個好男友。」

此情此景，誰能不為之動容？柯兒就像是天底下最幸福的女人，她含著熱淚接過鮮花，與李靖翔擁抱在一起。在全場觀眾熱烈的掌聲中，他們走下舞臺，開始了真正的戀愛生活。

沒多久，他們就在一起了，柯兒把初夜獻給了李靖翔，並真心希望他就是自己未來的老公，所以關心他，依戀他。像所有戀愛的女人一樣，柯兒總覺得李靖翔沒有足夠時間陪自己，於是經常給他打電話，一開始李靖翔還有耐心，不管開會還是在外地都會接電話，與她聊幾句。後來就煩了，埋怨道：「妳真是讀書讀多了，太囉嗦，想問題太複雜。」柯兒很傷心，覺得自己的付出不值得。

家裡聽說柯兒戀愛的事情後，表示了反對。一，兩人年齡差太多，二，學歷不般配。從小到大，柯兒都是一個聽話懂事的乖女孩，很在乎家裡人的意見，現在她開始理智思考她與李靖翔的關係了。

交往這段時間來，李靖翔很少主動給柯兒打電話，每次通電話，都不會超過十分鐘，好像沒什麼話聊一樣。即便兩人在一起，柯兒也很少聽他講自己家裡的情況。

柯兒仔細想想，李靖翔確實有很多優點，不抽菸、不好酒，整潔、禮貌，懂養生，生活規律，積極、有上進心，誠如在相親節目中所說，他確是一個好男人。但問題是，他也有致命的缺點，喜歡往澳門跑。雖沒有說明是做什麼，可是柯兒敏感地意識到他是去賭場。而且李靖翔還喜歡拿柯兒的學歷開玩笑，覺得研究生就該什麼都懂，稍有不知道的，就會出言諷刺。

經過這樣的權衡，柯兒提出了分手。李靖翔以為是開玩笑，過了一週才想起給柯兒打電話。柯兒毫不客氣地數落了他一番。從此，李靖翔的電話更少了。柯兒雖然很傷心，但逼迫自己忘記那個人。

前幾天，李靖翔終於約出了柯兒，當面責怪她變心了，對自己不好。

柯兒很迷茫，和李靖翔戀愛了兩年，她覺得累了，要嘛在一起，要嘛徹底斷掉，到底哪一條路更好呢？

【心理剖析】

急著自我肯定的男人，至少有兩種心態：自負和心虛。他們認為自己已經掌控了全局，包括女人，所以毫不避諱地說「我是個好男友」，讓女人死心塌地的愛自己、跟著自己。他所要表達的是一種強勢的愛，不容置疑的愛。

另外，他們也可能對雙方的關係缺乏信心，害怕女人懷疑自己，就以這句話來吸引女人，穩定她的心情，達到順利交往的目的。

總之，這種男人就像開屏的孔雀，為的是吸引異性的目光。他們或許真的很好，或許真的優秀出眾，但未必真的適合妳，真的可以做妳的好男友。

所以，相信他是一個好男人，並不代表他一定是妳的好男友。

【見招拆招】

男人說：「相信我會是一個好男友。」往往是一句大話，甚至是一句空話。女人對此總是嗤之以鼻，斤斤計較，可是反過來想想，如果連這樣的大話、空話都不說的男人，是不是索然無味？至少，他給了妳一個做美夢的機會。

女人在愛情面前保持理性，是不錯，但過度自制說明妳對這個男人愛的並不夠深切，缺乏激情。這種戀情走下去不會幸福，就像故事中的男女，縱然男人很強大，也不能解決一切有關幸福的問題。

既然已經決定分手，就堅定一點走下去。因為妳還有本錢去選擇更適合的，還有機會去實踐更令人心動的愛情。

第二章

甜言蜜語——熱戀中無處不在的童話謊言

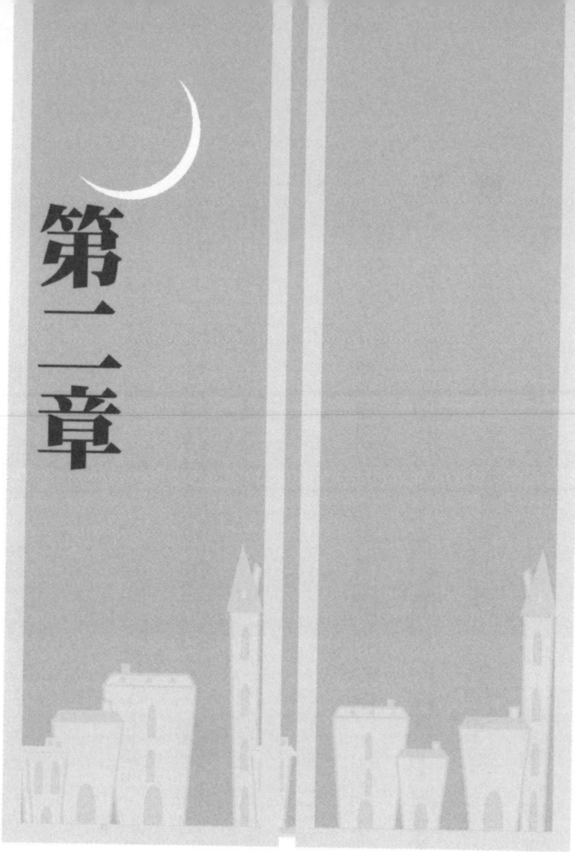

12 「我和她只是朋友關係」

【潛台詞】儘管所有人都知道，我和她關係不尋常，可是只要妳堅信，我和她只是朋友關係，這就OK了。

晚上看電視劇，其中一個橋段看起來十分眼熟：男主角背著女友與其他女人交往，不想被女友發現了，於是他發誓賭注地表白：「我和她只不過是朋友關係，妳不要多想。」這樣的情節、這樣的表白應該算是俗套，但卻總能引發女人的唏噓感嘆，因為這種事情在我們周圍也是屢見不鮮。

我年輕時曾遇到過一次這樣的愛情。我和孫立德是大學同學，由於是同鄉，平日走動多一點。一次，孫立德病了，我知道獨自在外遠離親人的滋味，想也沒多想就帶他去了醫院。孫立德屬於內向的男生，一向不愛說話，只是連聲對我說「謝謝」。

第二天，我去看望他，可是他似乎有意躲避我。

幾天下來，我們沒說一句話。

一天放學，他突然站在我面前說：「自從來讀大學以來，從來沒有人對我這麼好。我十分喜歡妳，想和妳在一起。」

我完全嚇呆了，愣在那裡半天無語。難道這麼小的付出會換取一個人死心塌地的愛情？他是認真的？還是……真是萬千思緒在心頭，卻不知說什麼是好。不知年輕的我是害羞還是害怕，反正頭也不回地跑開了。

此後，孫立德像變了個人，不再沉默，向我展開了一輪輪愛情攻勢。對他，說不上多麼動心，但那種踏實和真誠的感覺，我很喜歡。不知不覺，我們的關係變得熱切起來，一起上課、吃飯，出則成雙，入則成對，成為眾多校園戀人中的一對。

就這樣，伴隨著學業結束我們一起回到家鄉，謀求工作，創立事業。孫立德的父母在當地很有威望，很快把他安排進了一所大學工作。而對我，他們的態度不甚明確，一方面許諾給我找工作，一方面又遲遲不見動靜。

我是個閒不住的人，不願意在家待著，就自己聯繫了一家公司去上班。工作不是很好，但有份收入總算不錯。工作之後，時間不如從前自由，我和孫立德見面的機會少了。但我們還是彼此相愛，積極謀劃著未來的生活。

這時，我忽然聽到了一件不該聽到的事情：除了我之外，孫立德還和其他女孩有交往。我也不清楚這個捕風捉影的資訊是如何傳到我耳朵裡的，但我立刻有了警覺心。不多久，我就瞭解了事情的來龍去脈，原來孫立德讀大學前，父母為他相中了一門親事，他們兩家是世交。那個女孩本來打算跟孫立德一起讀大學的，可惜沒考上。如今，孫立德學成歸來，女孩依然念念不忘，兩家父母也有意撮合，一來二去，兩人又有了聯繫。

當然，這些資訊都是我打聽來的，孫立德在我面前隻字未提。我很鬱悶，終於在一次約會時忍不住責問他這到底是怎麼回事。

孫立德很意外，但他隨後盯著我的眼睛，一臉誠懇地說：「我和她只是朋友，妳放心，我和她的事我會慢慢告訴你。」

之後，孫立德向我講了很多他和那個女孩的事情，一而再地表明他們的關係很簡單，請我相信他。

我還有其他選擇嗎？我相信他，就要一直相信下去。

可是，事情遠遠沒有這麼簡單。孫立德和那個女孩的關係剪不斷、理更亂。自從我挑明之後，那個女孩反而大膽起來，不但經常約會孫立德，給孫立德買這買那，還跑到公司來找我，結果鬧得一團糟。

孫立德的態度也出現了變化，他嘴上說與她只是朋友，可是與我之間不再那麼親密，有時候好幾天也不打電話。我很失落，恰在這時，同學約我去台北發展，我不想繼續為難下去，最終一走了之。

【心理剖析】

每個人都有一個私密的小抽屜。尤其是男人，這個小抽屜裡多數私藏著和女人有關的小秘密。男人們經常會用回憶那些小秘密來滿足自己的虛榮心，獲得滿足感。為此，男人不會刻意扔掉前女友的照片、信件、禮物等，更不會努力抹平記憶。

而女人天生就是醋罈子，她不在意男人曾經追過幾個女人，而發誓要成為男人的最後一個女人，絕不允許男人吃回頭草，威脅到自己獨一無二的「專寵」地位。當女人發現男人舊情復燃的時候，肯定極大不爽，一場酣戰或冷戰，必不可少成了愛情大戲的壓軸戲。

【見招拆招】

做為熱戀中的女人，當妳發現了男友過去的小秘密，甚至發現男友還對前女友心存妄想的時候，千萬不要衝動。特別是對待男友隱藏前女友的一些小情物，更不能怒火中燒，大發雷霆，簡單粗暴地去撕爛、砸毀、扔進垃圾桶。

要嘛保持克制、冷靜，裝作不知道，眼不見心不煩；要嘛一笑置之，以寬大包容的心胸去面對，不糾結、不糾纏、不討伐。

「我和她只是朋友關係。」當面對男人這句言之鑿鑿的謊話時，給一句鼓勵：「我最相信我的老公啦，沒關係。」千萬別因此懷疑自己魅力不如前女友，拴不住男人的心，信心一失，一敗千里。妳包容大度的姿態，這一刻會令男友心生愧意，想不對妳刮目相看都難啦，即便對前女友有什麼非份之想，也會瞬間崩解。

13

「妳是我最後一個女人」

【潛台詞】小心啦，我對很多女人說過這句話。妳，妳之前的女人，再之前的女人，妳們都想成為我最後一個女人，沒辦法，我只有這麼說。

在我印象中，李亞林是個標準的花花公子，他的身邊總是不斷地更換新女人，清麗的、妖豔的，溫柔的、蠻橫的，好像他是個女人獵手，出去一次就帶回不同的女人來。就是這樣的一個人，幾個月前，又帶回一位漂亮女子，聽說兩人是網友。現在的網路可真不簡單，簡直讓「紅娘」丟了飯碗。這位女子皮膚白皙，個子雖然不高，但勤快能幹，每天忙進忙出，儼然一位賢慧妻子。

漸漸地，她跟我們社區的人熟悉起來，每天午後都會坐在花園裡與上了年紀的阿婆聊天。俗話說君子有成人之美，儘管李亞林品行差，可是誰也不願當著他女友的面說這件事，只是附和著她說些別的事情。

可是，世上沒有不透風的牆。這個女人還是聽說了李亞林先前的種種惡跡，與他大吵大鬧。所有人都認為，她很快就會離開，再也不跟李亞林過下去了。可是出乎大家意料，她不但沒走，還和從前一樣進出忙碌，好像什麼都沒有發生。

一次，她又在花園裡和大家閒聊，一位好事的阿婆忍不住問：「小姐，看妳年紀輕輕的，真打算和亞林過一輩子？」

她先是臉紅，接著抬起頭，坦然回答道：「他說了，我是他最後一個女人。」看她意思，既然有了這樣的誓言，必有這樣的行動，這樣的男人，不值得繼續過下去嗎？在場的人面面相覷，誰也沒說什麼。

其實，以阿婆們的年紀和經歷，她們對這句話的相信度恐怕大打折扣。

何止如此，在我的好友中，就有不少女人聽男人說過這句話，為這句話感動過。寧寧大學畢業後，認識了張濤傑，為他辭去工作，跟他到一家公司上班。兩人卿卿我我，你儂我儂之際，寧寧說：「我要做你第一個女人，也是最後一個女人。」張濤傑情深意重地表示：「一定一定。」

不久，由於業績突出，張濤傑被安排到分公司做總監。寧寧義無反顧在偏離市區的分公司附近為張濤傑租了房子，然後她自己每天不到六點就起床，趕回總公司上班。

一天，總公司有個文件需要送到分公司，寧寧欣然前往，她想給張濤傑一個驚喜。寧寧直接來到分公司辦公室，推開房門的剎那，她呆了：一個年輕女孩正坐在張濤傑的腿上，兩人摟抱在一起。張濤傑慌忙推開那個女孩，將其重重摔在地上。寧寧跑開了，她不相信自己的眼睛，張濤傑追出去時，她已不見人影。

後來，寧寧瞭解到那個女孩是老闆的女兒，一直都在追求張濤傑。張濤傑覺得自己經濟方面較差，就想利用老闆的女兒更進一步，然後跟寧寧一起過幸福日子。

沒想到，老闆的女兒找到了寧寧，對她說：「我真的很愛張濤傑，而且他答應了，我將是他最後的女人。」

至此，寧寧再也不肯原諒張濤傑。

【心理剖析】

男人是社會動物，愛美人更愛江山。當美人能帶來江山的時候，男人往往會毫不猶豫地拜倒在美人的石榴裙下。究其原因，不外乎生存壓力所決定的。男人們打拼一番事業並不容易，尤其初出茅廬、毫無基礎的年輕人，想創業就更難，一旦有更好的條件和機遇誘惑，就會不假思索地衝上去。張濤傑就是在這種巨大的誘惑下逐漸疏遠了寧寧，投入了老闆女兒的懷抱的。

從心理學角度來說，張濤傑選擇老闆的女兒有其必然性。而社會道德要求，又迫使他不能輕易拋棄寧寧，畢竟寧寧為他付出了太多太多，這種雙重壓力下，張濤傑選擇了腳踏兩條船的做法，撒謊自然就成了他的家常便飯。

【見招拆招】

男人都是薄情郎。尤其是面對巨大金錢、美色誘惑時，變心幾乎是板上釘釘的事。遇到這種情況，女人該怎麼辦？總不能一哭二鬧三上吊吧？要行動！要採取合情合理的措施，讓男友換個工作生活環境，一如既往的給予他關心支持，付出真誠的愛。這樣，才能真正成為他最後的一個女人。

即便如寧寧那樣，最終放棄兩人的愛情，也不要把自己當作明日黃花，失去自信，進而自暴自棄。天下何處無芳草，嚐遍百草才知好嘛！總有一個男人，妳會是他最後的一個女人。

14

「我會記得以後的每個紀念日」

【潛台詞】既然妳那麼在乎，我只好強迫自己這麼說。當然，我會記得的事情有很多，忘記的事情也很多，尤其是那些紀念日……

星期天晚上，我和女兒在一家餐廳裡等老公，今天是女兒的生日，我特意訂了一桌溫馨而浪漫的晚餐，希望全家人共度這個美好時刻。之前，我沒有告訴老公今天是個什麼日子，想給他一個驚喜，也想考驗考驗他。

快晚上七點了，還不見老公現身。鄰桌是一對年輕戀人，他們在我們之前就來到這裡，一直卿卿我我，你儂我儂的。看樣子，今天是他們的一個特殊節日，男孩為女孩準備了鮮花、巧克力，還有其他禮物，女孩滿臉幸福，陶醉在了愛河之中。男孩的花樣很多，不單單是送上這些東西，還不停地製造一些逗女孩開心的表情和動作。

這一舉動吸引了餐廳內所有人的目光，大家投來的眼光，充滿了祝福和羡慕。這樣的時刻，這樣的愛情，很多人都會心有所感，或者回想起年輕時自己經歷的浪漫時光，或者在期盼將來也有這樣的美妙時刻。不管怎麼說，此時此刻，他們的愛戀值得欣慰。

女兒顯然屬於後者，她天真地說：「MY GOD，太炫了！」

我也不由自主地回憶起了自己年輕時的愛情時光。在和老公戀愛時，我們彼此的經濟條件都一般，但我們非常珍惜這段感情，每每相聚，都會難捨難分。為了表示情誼，在每一個值得紀念的日子，我們都會拿出不多的薪水，逛街、去餐廳吃飯、吃零食、去書店，用老公的話說：「以後，每個紀念日都要好好慶祝慶祝。」這些紀念日包括相識的日子、生日、定情日、相識一週年、訂婚日等等不一。確實，熱戀時我們很隆重地對待每個紀念日，婚後一段時間也有過過紀念日。可是隨著時光流逝，這些日子像是長了翅膀一樣，從老公的心底越飛越遠。

一開始，我常常提醒老公：「明天是結婚紀念日。」老公一副漠然的表情：「是嗎？」然後沒了下文。我說：「再過幾天，就是我們認識五週年了。」老公神情淡漠：「哦，過得還真快。」同樣沒了下文。我很生氣：「你不是說會記得每個紀念日嗎？」老公愣了愣，笑著說：「記得，沒忘。」隨後，他好像怕了什麼似的，一溜煙躲進屋裡，還不忘轉頭說：「有個重要的工作，不能再耽擱了。」

關於紀念日，我實在沒有辦法讓它繼續美好下去。這不，就連女兒生日，如果我不提前準備，恐怕她那位可愛的老爸也會馬虎掉。今天，我就是做好了準備，要讓他好好反省反省。

我胡思亂想的時候，那對年輕戀人的浪漫還在上演。男孩鬆開女孩的手，轉向大廳，向著眾人高聲宣佈：「今天是我和倩倩認識三個月的紀念日，謝謝大家見證我們的愛情！」說完，他深情地望著女友說：「寶貝，我會記得以後的每個紀念日！」接著是一個長長的吻。

表白固然情深意重，可是在我看來，卻多了一份諷刺和滑稽。看看對面的空座位，這種感覺尤其深重。不知道老公幾點趕過來？也不知道他會為今天的遲到找什麼藉口？

【心理剖析】

健忘是男人特有的本領，這種本領常常發生在女人成為他的老婆之後。健忘，就是不在意，不在意了當然就不記得了。男人為什麼在女人成了「自己人」後，就把一切形式上的東西拋到腦後去了呢？這是男性的特質決定的。

男人的一生，除了婚戀期，很少把精力用在男女情愛上，一旦追求女孩得手，男人就會把目光轉向所謂的事業上。無疑，「我會記得以後每一個紀念日。」成為男人熱戀中一個名副其實的謊言。為什麼男人會樂此不疲地忘記這些紀念日呢？除了認為已經不需要對女人大獻殷勤外，重要的原因是情感心理疲倦。婚前在女人看來非常重要的日子，婚後在男人的眼裡可以忽略不計。結婚是男人的目的，是女人的開始，不同的心理訴求，當然會得出不同的結果。

結婚是男人的目的，是女人的開始，不同的心理訴求，當然會得出不同的結果。

【見招拆招】

對待男人的家庭紀念日健忘症，做為女人，妳最好的招數是「引君入甕」，強化他參與家庭紀念日活動的積極性。每到重大紀念日來臨，要事先多次提醒，包括積極暗示，耳提面命，張貼「告示」，營造氣氛等。並做好各種籌備工作，一旦準備就緒，直接通知男人參加，這樣在妳準備好的晚餐上，男人就會心裡閃過感激的目光，對妳倍加疼愛。如果男人因為有其他事情無法參加，不責怪、不抱怨，給予充分理解，然後找個合適的機會補上，以滿足自己的浪漫之情，同時讓男人心生愧疚，不敢怠慢自己。

15 「我什麼都答應妳」

【潛台詞】除了這件事，我什麼都答應妳……

很意外的，我收到了一位男網友的信，放心，不是求愛信，而是一封訴苦信。

這位自稱Alger的男生半年前交了個女朋友，開始了美妙的愛情生活。像所有戀人一樣，兩人相愛相聚，彼此吸引。可是現在情況不同了，隨著彼此性格的暴露無疑，他們之間相處出現了問題。

Alger說，他是個直脾氣的人，但是從沒對女友發過火，他不顯山不顯水地深愛著她，自認為感情深厚。女友性格偏激，心理脆弱，喜怒哀樂都會寫在臉上。所以，每每遇到她不開心或者想不通的時候，Alger都會耐心地勸解她，幫助她走出心理陰影，重新開始。

可是，女友不這麼認為，她覺得Alger不夠愛自己，不夠包容自己，不知道哄她、寵她，那些說教只會刺激自己。

每次，Alger都會說：「我為妳揪心，為妳痛苦，想方設法開解妳，怎麼不愛妳？」女友沒有這種感覺，她本人承受打擊的能力也很弱，又有強烈的好奇心。她不容許別人比她強，為了保持身材苗條，從大學時起幾乎晚上不吃飯，非吃不可的話，也必然會吃完吐出來。不僅如此，吃飯時要是Alger說了什麼令女友不高興的話，女友也會嘔吐。

對此，Alger給女友講了很多道理，什麼節食減肥有害健康，這種行為必定有心理問題，應該做心理諮詢等等。但結果毫無用處，女友一如既往。

Alger說他是個理性的人，但為了女友也常常創造浪漫，比如不時送一兩件禮物，週末一起吃飯、逛街。有一次，為了陪女友逛街，他犧牲了參加國際研討會的機會。這讓他好多天都放不下這件事，每次說到這裡，都會感慨一句：「為了跟她相處，我什麼都答應她了。」

然而，女友好似還不肯買帳，她心裡裝著太多的擔心，家裡的、公司的，事事關心，時時抑鬱。Alger真想幫她走出這種狀態，一而再地擺事實講道理，可是換來的卻是女友一句諷刺：「你真像個年長的教師，總是碎碎唸，沒完沒了。」

Alger很傷心，他認為自己用心愛了，卻選錯了方式。不久前，女友的母親病了，醫生建議去美國診治。女友與母親相依為命，這份重任自然落在她的肩上。破天荒的，女友給Alger打電話說明情況，並說：「你立刻回來。」不巧，Alger當時正在外地辦公務，任務還沒有完成，他想了想說：「不用急，等我做完了這邊的業務再說。」女友說：「等你回來就晚了。」

Alger沒聽，等他回來，事情已經無法挽回，女友對他又吵又鬧，一點尊嚴也不留。Alger不想和她吵，他想和她分析事情的前因後果，可是女友河東獅吼，根本聽不進去。

Alger真是苦惱極了，臨走時忍不住說：「妳要是看不上我，就提出來，別讓我耽誤了妳的青春！」女友一聽，又火了：「這是你的真心話嗎？好，我答應你！」說完，頭也不回地走了。

真不知道該怎麼發展下去，Alger苦苦思索也無良策，他發簡訊給女友，聲明自己還愛她，很懷念從前的美好日子。他再次重申：「以後我一定事事聽妳的，哄妳、寵妳。」

女友回覆，從前的感覺難以複製，她再考慮考慮。

Alger不明白，在女友面前怎麼所有的道理都成了狗屁。如果今後在一起，她一定還會如此霸道。那麼就算自己什麼都答應她，努力去做，還能和她走下去嗎？

【心理剖析】

「我什麼都答應妳。」其實就是「我什麼也沒答應妳。」熱戀中的男人說這句話時，是真心的，後來什麼也沒答應當然也不是假的。男人之所以愛吹牛，是想誇耀自己的本事，暗示自己誠信，贏得女人的芳心。投其所好，滿足女人的物質慾和虛榮心。熱戀中的女人偏偏就喜歡男人這時候的謊言，除了得到心理上短暫的滿足外，剩下的只能是漫無邊際的幻想和等待。而一旦男人得逞，女人成了自己的人，他就會越來越覺得自由的重要性，再也不願意多餘的付出，一切承諾都煙消雲散了。

男人表面上裝作大大方方，不拘小節，其實內心比女人小氣得多，付出的成本和回報，計算得毫釐不爽。

【見招拆招】

女人喜歡男人往往會喜歡到裝傻的地步，男人的每一個承諾都會令女人尖叫、激動、興奮，感到無比的幸福。「妳好聰明耶！」「妳好厲害耶！」遇到這種情況，女人就該往自己的頭上潑一盆冷水，首先冷靜下來，理智地看待男人們的許諾。妳只管聽之，做到了開心，做不到也不煩惱。然後選擇那些男人能輕易做到的事情，要求他去做，逐漸把他引到正確的道路上來，最大限度地為妳付出。

承諾很容易，可是一旦陷入生活的泥潭，妳不要再去指望男人會為妳做出一切，能盡到一個丈夫應有的責任就是模範丈夫了。男人的付出就是擠牙膏，妳要、耐心，慢慢擠，能擠出多少是多少。

16

「妳會不會做家事都沒關係」

【潛台詞】現在我是不在乎，不過，婚後妳不做家務事，要留給誰去做呢？

陳心怡和蘇鵬程都是我的網友，他們去年七月份在網路上認識的。兩人幾乎天天在網路上聊天，很聊得來。這種普通關係持續到十月份，由於蘇鵬程要去參加公司的培訓沒辦法上網，彼此就交換了電話號碼。這下，他們比從前聯繫更頻繁了，你來我往，一天二十四小時簡訊不斷，晚上還要通兩個小時電話，好像電話公司不收錢一樣。很快，他們確定了戀愛關係，陷入網路熱戀之中。不巧的是，陳心怡當時有病在身，沒辦法出門去見蘇鵬程。不過網路如此發達，視訊、照片早就看了很多遍。

兩人第一次真正約會是在今年一月份。在KTV包廂裡，蘇鵬程吻了動情的陳心怡，此後他們的愛情更加甜蜜，多半時間和精力用在了約會中。

陳心怡是家裡的獨生女，從小到大生活在優裕的家庭環境中，別說做家務事，個人生活都是媽媽一手打理。現在，她為男友兩地跑，免不了受累。每當這時男友都會好言撫慰：「寶貝，妳受苦了。」

一句話勝似冬天的暖陽，陳心怡心裡熱呼呼的。愛情如此順利，陳心怡便渴望著談婚論嫁。她的意思，將這件事跟雙方家長挑明，然後走正規程序，訂親、結婚。蘇鵬程卻不這麼想，他說：「寶貝，我想和妳先在一起生活。」招架不住蘇鵬程軟磨硬纏，陳心怡最終和他上了床。當蘇鵬程發現陳心怡還是處女，激動萬分，對她更加疼愛，還把她大方地介紹給自己的朋友，說：「這是我老婆。」以「老公、老婆」互稱的他們和很多年輕人一樣，開始過起小日子。由於兩人不同一個城市，他們各自租了單身宿舍，週末假日不時團聚。

這時，陳心怡才發現自己一點家務事都不會做，屋子總是亂糟糟的。好不容易聚一聚，由於不會做飯，只好去餐館。好在蘇鵬程很大度，他把陳心怡抱在懷裡，情意綿綿地說：「只要我們相愛，會不會做家務事沒關係。」陳心怡除了感動，還是感動。

可是，感動的日子沒有持續多久，陳心怡聽說了一件壞消息。有朋友告訴她之前蘇鵬程有過好幾個女友，他是富家子弟，爸爸有公司。陳心怡忍不住責問蘇鵬程，結果兩人鬧得不歡而散。從此，他們的關係急轉直下，雖然還時常約會，可是陳心怡很痛苦。蘇鵬程給她打電話、發簡訊越來越少，還說什麼現在他們到了磨合期，需要冷靜，不能像熱戀時一樣天天黏在一起。

陳心怡真的無法接受這樣的說詞，她追問蘇鵬程還愛自己嗎？打不打算繼續下去？蘇鵬程的回答令她傷心透頂，他說：「我說愛妳，可是妳會做什麼？洗衣服還是做飯？妳會生孩子帶孩子嗎？我愛妳又能怎樣，這並不代表我們就有未來。」

話說到這個份上，陳心怡徹底崩潰。

【心理剖析】

從生物本能上說，男人是狩獵動物，女人是採摘動物，家務事重任自然也就落到了女人的頭上。如果妳真相信男人不在意女人會不會做家務事，就大錯特錯了。當然了，結婚前他當然不在乎，那是為了追到妳，結婚後妳再相信那鬼話，堅決不做家務事，等來的結果幾乎是零容忍。

女人婚前是男人的玩伴，婚後是男人的保母。如果妳從家務事中解放出來了，離從家庭中解放出來就不遠了。

【見招拆招】

新時代的熟女已搖身一變成了自立自強的知識女性，大多數都不喜歡下廚房、做家務事。熱戀的時候，酒吧、咖啡館泡著，省事又浪漫，結婚後就大不同了，關門過日子，公主格格變成了廚娘。

為此勸告那些轉型期的女士們，從花季蘿莉到良家婦女，必須要為自己未來生活定好位，在努力工作之餘，展露一下賢妻良母的氣質，會讓男人更加愛妳。

17

「下次不會了，給我時間，我一定改」

【潛台詞】錯誤就是用來犯的，不犯哪有下次？所以，親愛的，忍忍吧！也許次數多了，妳就適應了。

萱萱是我表姐的女兒，三年前，她大學畢業後沒有在大城市找到合適的工作，就在家人勸說下回到了家鄉小鎮。別看這個小鎮地方不大，可是擁有一家上市公司。萱萱很快進入這家公司上班，並認識了公司的主管李明偉強。李明偉強比萱萱大六歲，成熟風趣，懂得生活，還很會體貼人。

多年來，萱萱的父母感情一直不好，父親極少回家，唯一為孩子做的就是給她匯點錢。我也曾勸過表姐離婚，可是她最終沒下得了決心，事情就這麼拖著。萱萱從小在這種環境長大，顯然缺少父愛關懷。所以，李明偉強這位大哥式的男友一出現，就讓她感到了溫馨和安全。她漸漸卸去身上偽裝的堅強，並慢慢愛上了李明偉強。

表姐對李明偉強十分滿意，就連長年不回家的表姐夫也表示出了贊同。李明偉強的父母對萱萱更是喜歡，至此，萱萱完全沉浸在了愛情的幸福中。

萱萱是個有上進心的女孩，不甘心在企業打一輩子工，她籌集資金開了一家服裝品牌專賣店。這次獨立創業萱萱付出了很多，但是李明偉強和他家人的支持和關愛，讓她非常感動。接下來，雙方父母開始為他們籌備婚事。李明偉強的精明能幹、成熟體貼，讓萱萱引以為豪，他們成了人人羨慕的一對愛侶。

然而，天有不測風雲。三個月前的一天晚上，萱萱本來說好了回媽媽家的，可是天上忽然飄起小雨，所以她就回到了自己的愛巢。路上，她想李明偉強一定很意外，不妨給他個驚喜，於是買了好吃的晚餐，準備浪漫一下。

回家後，萱萱發現李明偉強沒有回來，電話一聯繫，得知他臨時加班，公司明天要迎接一次檢查。萱萱決定等李明偉強回來一起吃飯，就把飯菜放好，打開了電腦。

這是李明偉強的電腦，她很少動過。今天，她在上面隨便翻看著、點擊著，突然令她震驚的畫面出現了，那是李明偉強和一個女人做愛的錄影！萱萱傻住了，徹底崩潰了。自己最信任的情人竟會做出如此無恥的事情，如此背叛自己，她不知所措，叫來李明偉強的母親和姐姐向她們哭訴。

事發之後，李明偉強跪在萱萱面前痛哭流涕，乞求原諒，並解釋說那是認識萱萱之前的事，他早就忘了，因此沒有即時刪除。他反覆表白自己多麼多麼愛萱萱，絕不想失去她，並對天發誓：「下次絕對不會了，妳相信我，我一定改。」

之後，李明偉強一而再地對萱萱發誓，求她看在那時他年輕不懂事的份上，原諒他做過的傻事。畢竟有了三年感情，萱萱的心也不是鐵打的，就慢慢地相信了李明偉強的話，並試著原諒他。

可是幾天前，萱萱又得到了令她絕望的資訊，原來李明偉強和那個女人是半年前認識的，他們一直有來往，而且很密切。用朋友的話說，就萱萱一人被蒙在鼓裡。現在，兩人的關係依然沒有斷掉。

萱萱簡直氣瘋了，她恨不能殺了李明偉強。李明偉強呢？每天向她懺悔表決心：「給我點時間，好不好？我一定會和她一刀兩斷。」他的家人也幫著勸萱萱，勸她忘掉過去，重新開始。

現在的萱萱想分手，卻痛苦無比。

【心理剖析】

是貓就喜歡偷腥。三妻四妾是男人們的夢想，性解放的大潮正席捲著世界，這很對男人的口味，令其暗暗竊喜。因為性不僅有生育繁殖的功能，更具有愉悅和溝通的功能，這使得男人更願意藉助性來愉悅身心，釋放壓力。這種釋放一旦成癮，就會讓人不能自拔。因此，即便是再真情的男人，如此過分的做法，也會極大地傷害女人的心靈，給女人帶來難以平復的痛苦。

【見招拆招】

任何得到都需要付出的。男人有了外遇，妳不必驚慌。只要他記得回家的路，知道盡一個男人的責任，聰明的女人就應該睜一隻眼閉一隻眼，沒必要一哭二鬧三上吊，非要弄個你死我活。當然，假裝不知道並非真的不知道，採取適當的措施去令男人回頭，還是必須的。正所謂「回頭是岸」，妳正在那裡溫柔地等待著他，我就不信他會無動於衷。跑再遠的狗也會回家吃食，性遊戲疲倦的男人，早晚要回歸家庭的。

當然，如果男人的性遊戲到變態的程度，以傷害妳的感情和心靈為代價的時候，妳還猶豫什麼？毫不猶豫地離開他，去追求自己平靜而快樂的生活吧！雖然這是妳不願付出的，但這也是把傷害降到最低的辦法。

18「我正在努力」

【潛台詞】我正在努力討妳的好。親愛的，我的意思是能瞞過妳一時是一時，能交往一刻是一刻。別太難為我了，好不好？

在我們公司，小寧是出了名的「賢慧」女人。雖然她還沒結婚，可是與男友相戀七年，對他一直不嫌不棄，還奉獻出了自己的所有。同事們都勸小寧：「快結婚吧！這樣下去有什麼意思？」小寧笑笑，不管什麼事她都聽男友的。

小寧的男友楊勝明，英俊瀟灑，口才極佳，他的甜言蜜語讓小寧沉醉不已。他們相識時，小寧已經工作，楊勝明剛剛大學畢業。不像其他年輕人一樣，楊勝明沒有去找工作，他說：「大學生沒什麼價值了，即使找個工作，也難有發展。」他琢磨來琢磨去，決定考研究所，以圖未來發展。他對小寧說：「只有我的將來有所保證後，才能給予妳幸福的生活，讓妳有強大的依靠。」

小寧很感動，全心全意支持他。

從此，小寧每天朝九晚五地上班賺錢，楊勝明在家努力用功。自然，兩人的日常開支負擔都是小寧的。

楊勝明還對小寧說：「男人不能沒有面子和尊嚴，不能讓朋友說我靠妳養活。」為此他拿走了小寧的薪資提款卡，可以隨意支配金錢，以備所需。他不時地對小寧說：「妳愛我，就該為我的面子和尊嚴著想，這樣妳也有面子啊！」

兩人外出購物或者參加朋友聚會，楊勝明常用小寧的VISA卡搶著買單，毫不含糊。小寧呢？看著別人投來的羨慕眼光，還感覺很爽。結果，VISA卡裡到底有多少錢，她自己也不清楚了。

可是，楊勝明一連考了幾年都沒考上，小寧勸他放棄，他卻一副不肯輕易放棄的姿態：「我愛妳，就必須考下去，只有考上了，才有好工作、好未來，才能給妳快樂幸福的生活。」

小寧不想繼續等下去了，她說：「我們一起三年了，就差領證了，結婚後再考也一樣。」楊勝明卻不同意：「我現在這樣的條件娶妳，根本無法保障以後的生活。等我有了能力再娶妳，因為我愛妳，必須對妳負責。」

這位一口一個「負責」的男友常常給小寧製造小驚喜，情人節送束「藍色妖姬」，然後深情表白：「親愛的，我有多愛妳，妳永遠不知道。」小寧生日，專門接她下班，然後去餐廳共用燭光晚餐，再說些肉麻的愛語，表述一下自己的雄心壯志：「親愛的，我的努力不會白付出，我一定會給妳最美好的未來。」

雖然玫瑰和晚餐以及其他開支都來自小寧的VISA卡，但這些甜言蜜語早已把她感動得一塌糊塗，至於結婚，隨它去吧！至於金錢，跟情人沒必要分得那麼清楚。

很快，七年過去了。這期間，小寧幾次懷孕，卻幾次流產，因為楊勝明的理由很多，「我不想孩子過早分擔我們的愛情」、「現在條件不允許」、「不能給孩子一個良好的家庭環境，我很愧疚」、「再給我些時間，我正在努力呢！相信我，我永遠愛妳」。

這時的楊勝明，考研究所的夢想已經徹底破滅，他不願意上班，卻總想做生意發大財。可是小寧的薪水只夠日常開支，現在哪有本錢做生意？楊勝明就逼著小寧去借錢。小寧沒辦法，東湊西湊借了許多錢給他。

小寧很想知道生意做得如何，可是楊勝明不讓小寧過問，只是溫柔地說：「寶貝，妳就等著享福吧！相信我，我會努力做生意賺大錢，用最豪華的禮車迎娶妳，讓妳做世界上最幸福的新娘。」

小寧等啊等啊！結果，她沒有等到什麼幸福，而是一條讓她心碎的簡訊：我們分手吧！從此，楊勝明人間蒸發。

查看一下VISA卡，裡面只剩下十幾塊，那個口口聲聲「努力為她」的男人，竟然如此無恥地傷害了她。

【心理剖析】

騙，瘋狂的騙，直到榨乾女人的油水，再無利用價值，便一腳踢開或者一走了之。這種男人唯一付出的成本就是甜言蜜語，唯一使用的武器就是糖衣炮彈。其危險性和殺傷力，是十分巨大和可怕的，所以美眉們要當心啦！

為什麼這樣的男人會屢屢得手？究其原因，戀愛中的女人都是傻瓜，沒有幾個女人能抵擋住男人的甜言蜜語，幾句好話，就會令她們好感動。面對男人連續不斷的甜言蜜語猛攻，女人就會繳械投降，陶醉其中不能自拔，那個時候，別說是VISA卡，就是身家性命，也是一句話——親愛的，只要你需要，只管拿去！這就給男人施展騙術提供了足夠的心理空間。而且，女人往往會被男人所描述的美好願景矇蔽，直到被一腳踹開，才大夢初醒。

【見招拆招】

戀愛中的女人想保持頭腦清醒很難，抵擋住男人甜言蜜語的攻擊更難。如何防禦住被男人騙財又騙色，成為他利用的工具呢？一句話，即便是熱戀中，也要有主見，把持住自我，最大限度地使自己發熱的大腦降溫，把男人當成商業夥伴看待，有付出就要求回報，時刻檢查他的口袋，長期不懈地督促檢查他的工作和事業。一旦發現是個大話王，立刻保持距離，然後經過周密偵查確定其是個好吃懶做的大騙子後，要堅決果斷，閃電般結束這段感情。

19

「我不在乎妳的過去」

【潛台詞】我這麼說，也很想這麼做，如果妳沒有一個複雜的過去，放心，我會做的很好。問題是，妳的過去總讓人懷疑，這就不好辦了。

近來，影星趙文卓與甄子丹罵戰，不想傷害了無辜的女人舒淇。舒淇惹禍上身，只因為在這場口水戰中力挺了甄子丹，結果趙文卓的粉絲不依不饒，把她多年前的古裝豔照放到網路上。紅顏一怒，刪除了微博日誌並取消關注。

此娛樂新聞轟動一時，圍觀者無數。仔細梳理梳理，大家關心的不過是一件事：男人究竟怎樣看待女人的過去？

由舒淇聯想自身，好多女人和男人都就此事發表了自己的觀點和看法。

其中一個女人說：「我又收到了老公的簡訊，他說我就是壞女人一個，誰都知道我的過去。他感覺窩囊，吃啞巴虧，頂了個綠帽子。」

言詞之惡劣，相信做老婆的看了，一點自尊心都沒了。

這讓我想到了身邊的朋友李文豔。

李文豔結婚五年，有個兩歲的兒子。當初，她跟大學時的男同學相遇並相愛了。這位男同學家境富裕，父母經商，據說資產過億，而且家族的親戚非富即貴，是當地顯赫的名門。做為家裡的獨生子，父母對兒子的期望之高可以想像。

後來，面對這樣的愛情，李文豔猶豫了，徬徨了，最後選擇了退出。

而她與現任老公的婚姻是母親操辦的，當時她剛剛工作，父親患了絕症，弟弟還在讀書，家裡沒有什麼經濟來源。母親無法，只好把希望寄託到她這個女兒身上，託人給她找了一個家底殷實、人品忠厚的男人。雖然李文豔對老公不滿意，可是母親逼迫她：「如果妳不答應，我就和妳斷絕母女關係！」

李文豔不得不妥協。婚後，老公還比較稱職，但她始終對他缺乏激情。

後來，李文豔參加同學聚會遇到了前男友。幾年不見，他更加幽默風趣，懂得體貼關心人。很快，他們陷入了不一樣的戀情之中，每次相聚都會令李文豔久久難忘。她渴盼著，忍受著思念的煎熬。前男友也屢屢對她表白「多麼多麼愛她，多麼多麼想她」，對她疼愛有加，給予無微不至的關心。

婚外情的女人總想得到一份承諾，李文豔與前男友也談到了婚姻。但前男友每次都會說：

「再等等吧！放心，只要妳離婚了，我就會娶妳回家。」可是從他的眼神中，李文豔讀到了許諾背後的很多含意：他在意家人的看法，在意家人看李文豔的眼光，這樣的女人能否進入他的家庭？這樣的過去家人是否會接受，會包容？還有孩子，還有……

【心理剖析】

很多男人對女人表白：我不在乎妳的過去，我愛的是現在的妳。這句話聽起來動人，實際上卻是自欺欺人。沒有一個男人不在乎女人的過去，所以我們看到一個好女孩會嫁給一個壞男人，而一個好男人絕不會娶一個曾經劣跡斑斑的女人。

因為在男人的傳統思想裡，女人必須從過去到未來都是純潔的。

男人有很強的佔有慾，他希望女人徹頭徹尾屬於自己，過去的也好，未來的也罷，都要全盤擁有。

另外，男人的嫉妒心更強烈，莎士比亞的名劇《奧賽羅》，就講述了一個男人懷疑妻子與他人有染，而活活將其勒死的故事。

男人把女人當作了自己的財產，不容許任何的不忠和背叛。這也表現出自己的心虛和自卑，他害怕無法控制女人，不能長久地擁有女人，所以才去強制她。

但是這種心思男人在熱戀中是不會說出口的。說了，女人就會受驚逃走，為了擄獲女人心，只好違心地表白一下啦！

【見招拆招】

女人常常為一件事煩惱：要不要對男友坦誠自己的過去？當然，這段過去很不光彩。

很明顯，社會對女人的過去要求很嚴，犯了錯誤的話，幾乎得不到寬恕。

基於此，女人坦誠過去的問題就十分嚴重。最理想的情況是把一切都告訴他，得到他的諒解，然後結婚。

可是男人很自私，聽了妳的告白後，很多會選擇拂袖而去。即便沒有離開，這也成了他折磨妳的一大法寶。

表面上，他或許會裝得無所謂，內心裡，隨著激情消退他會越來越看不起妳，越來越覺得吃虧。最後成了他背叛妳、傷害妳的最佳理由。

所以，女性在對待過去的問題上，不要輕信男人的許諾，今天他說「不在乎妳的過去」，無非是想逼妳抖落出所有的「過去」，表達一下自己的愛有多重，讓妳對他死心塌地。

可是，人性難改，過度坦誠只會成為一顆「定時炸彈」。避免被炸傷，女人最好不要過度坦誠。

20 「我不在乎妳是不是處女」

【潛台詞】縱然讓我傷心，我也只能強忍。如果，我是說如果，妳真的是處女，我會比現在更開心，會更愛妳。

她叫岳心圓，是我的一個朋友，今年二十四歲。由於喜歡聽我分析男女情感問題，常常向我傾訴自己的情感困惑。

在她讀高中的時候，糊裡糊塗認識了一個阿飛，並把初夜交給了他。可想而知，這是一段不堪回事的往事，所幸沒有給她造成太大傷害。隨著時光流逝，她甚至逐漸忘卻了那段經歷。

後來考上了大學，遠離從前生活的環境，岳心圓很快融入新的生活當中。每天，她和同學們一起上下課，外出活動，參加實習，還打工賺錢。時光飛逝，兩年過去了，很多同學耐不住青春萌動，紛紛談起了戀愛。岳心圓青春靚麗，追求她的男生每一個都年輕、帥氣。哪個少女不懷春，岳心圓在心裡默默地比較著，選擇著。

後來，一位叫嘉華的男生讓她芳心暗動，並最終與之發展成為情侶關係。戀愛是那麼美好，不知不覺，兩年時間過去了。在這期間，雖然兩人關係十分親密，但在岳心圓堅持下沒有跨越雷區，他們之間是純潔的。岳心圓對男友說：「我一定要堅持到婚後才真正屬於你。」嘉華同意了，覺得這樣的女友非常值得尊重。

大學畢業後，他們一起應徵工作，積極籌備未來的生活。這時，不少同學朋友紛紛謀劃結婚之事，一次他們去參加一位女同學的婚禮。這位女生在校時談過戀愛，與男友同居過，後來分手了。但她現在找的老公依然條件很好，看上去對她也十分恩愛。她曾私下對岳心圓誇口：「我這個老公真的愛我，一點都不在乎我以前的事。」岳心圓吃驚地問：「妳把妳的過去告訴他了？」女同學不以為然地說：「現在誰還在乎老婆是不是處女？」

這件事觸動了岳心圓隱藏心底多年的心事，她想：「要不要把我的事也告訴嘉華？他會不會在乎我是不是處女？」

這天晚餐時，岳心圓做了幾個男友愛吃的小菜，邊吃邊聊，聊到了那位剛剛結婚的女同學，她故意說：「她很有福呢！老公條件好，還不在乎她以前的事。」

嘉華說：「這有什麼好在乎的，只要彼此相愛，別的不重要。」

岳心圓撇撇嘴，故作無心地說：「聽你的意思，你也會接受這樣的女人做老婆嘍！」

嘉華大咧咧地回答：「當然可以啦！」

這句話彷彿給岳心圓吃了一顆定心丸。

沒多久，兩人領了結婚證書，打算一個月後舉行婚禮。不過，既然已是法律上的夫妻，就可以正大光明地生活在一起。

可是還不到十天，嘉華的態度變了，岳心圓感覺他時時刻刻都在為難自己，卻又說不出為什麼。直到有一天，嘉華喝醉了酒，說出了自己的心事：「可笑，可惡，我娶了一個別人穿過的鞋子。」

岳心圓聽了這話，簡直都要崩潰了。原來嘉華對自己的愛還是比不過貞操。看來，他當初說的都是謊話。俗話說：說起來容易做起來難。當初信誓旦旦不在乎的事，現在竟然因此如此厭惡自己。岳心圓發現老公對自己一天不如一天，眼看就要臨近婚禮，到底是到此止步，還是冒險往前走？她很痛苦，很無助。

【心理剖析】

男人擁有一個女人時，希望擁有的是整體，既包括心靈也包括身體，既包括現在也包括過去。如果女人與其他男人發生過性行為，意味著不再完整。

處女代表著純潔，哪怕她不夠漂亮，可是給男人帶來心理上的莫大榮耀：我的女人很潔淨。

這與長久以來的傳統觀念有關。傳統思想認為處女會給男人帶來好運，使男人身體健康，事業發達；而且，人們對於「第一次」的崇拜心理，比如處女作、處女秀等等，在宣揚「第一次」

的重要意義時，給人們造成了這樣的心理：第一次才是最好的。

另外，男人的征服慾迫使他們喜歡處女，希望徹徹底底擁有一個完全屬於自己的女人。

從以上分析來看，男人說「不在乎妳是不是處女」，潛台詞卻是「我不在乎別人的老婆是不是處女，可是我的老婆，必須是處女」。

所以，戀愛時男人也許會真的不在乎，一旦談論婚嫁了，就真的很在乎。

【見招拆招】

沒有一個女人願意隨隨便便失去貞操，可是很多女人還是這麼失去了。這時，悔恨沒有用，自暴自棄也不可取，最好的辦法是不要輸給自己。

不要以為愛過了一個劣質男人，便認為全世界的男人都不可靠。這是人為的情感十字架，必須拋棄。

「非處女」沒有那麼可悲，可悲的是妳能否真的抓住了一個男人的心。做個自信的女人，不要在那段無謂的傷痛中掙扎，告訴男人「我很好，很值得你愛」！

21 「要是妳懷孕了，我們就結婚」

【潛台詞】以目前來說，我對婚事沒有太大興趣。要是妳急著結婚，我也沒什麼好辦法。

一個剛剛大學畢業的年輕女孩，在步入社會的同時，遭遇了人生第一場失敗的戀情。她不得不忍心打掉了肚子裡的孩子，與男友分道揚鑣。

這個女孩今年二十二歲，是我朋友的女兒，名字叫欣欣。這次戀愛之前，欣欣從來沒談過戀愛，對此媽媽還誇她聽話、懂事、單純。單純的欣欣畢業後在一家公司做接待工作，認識了來自不同階層的人士，尤其是一些成功男士。有時候為了工作需要，她也會陪著客戶去KTV唱歌。

有位從香港來的商人很喜歡文靜恬淡的欣欣，常常約她去唱歌。幾次接觸後，他開始邀約欣欣吃飯，還送她禮物。一開始，欣欣會拒絕，可是對方四十多歲的年紀，事業有成，精明能幹，談吐風趣，很快就攻破了她的心理防線。

與其說欣欣喜歡這位「大叔級」的商人，倒不如說她崇拜、迷戀他。很快，商人征服了欣欣，把她帶到了自己的床上。

之後，欣欣才瞭解到商人的一些情況，他沒有老婆、沒有孩子，是個鑽石王老五，其他具體的經歷，就不得而知了。

年輕的欣欣在乎的是商人會給自己什麼承諾。漸漸地，她發現商人說話不算話，說給她名份，給她父母買房子，給她錢開店，可是一件都沒有兌現。更令她惱火的是，自己懷孕了。

欣欣嚇壞了，找到商人大鬧：「你不是說沒有生育能力了嗎？我怎麼懷孕了？」原來，在騙她上床之前，商人說自己失去了生育能力，不會讓女人懷孕。欣欣這才糊裡糊塗與他同床共眠。

現在懷孕了怎麼辦？從沒想過婚姻大事的欣欣決定委曲求全，她對商人說：「我同意跟你結婚了。」之前商人曾有許諾：要是妳懷孕了，我們就結婚。那時的欣欣哪有這個心思，可是今非昔比，如果討得一個名份，也是好的。

沒想到商人彷彿得了失憶症，對自己說過的話拒不認帳，他說：「結什麼婚，妳把孩子生下來，我給妳一筆補償。」

真是晴天霹靂，欣欣憤怒到極點，她說：「不可能，我不會為你生這個孩子。」現在她終於明白，這個商人不過是找個代孕機器，自己太幼稚了，竟然被他耍了。

欣欣不想一敗塗地，覺得自己應該得到一定補償，為此她多次找商人，並打算找人幫自己出氣。可是年輕的她哪裡鬥得過混跡社會多年的商人。一次次聯繫，一次次傷心，那個商人還給欣欣潑髒水，說她的衣櫃裡有其他男人的衣服，說她為了前途什麼都捨得出賣等等。

欣欣的媽媽知道了女兒的不幸遭遇，十分氣憤，也很不甘心，她找到我說：「我嚥不下這口氣。我要找他理論，我要他補償我女兒，不然我跟他沒完，他的公司也別想開下去了。」

【心理剖析】

男人說：「要是妳懷孕了，我們就結婚。」擺明了是一種耍賴的態度，誠信度很低。

正常的婚姻次序是先結婚再生子，而說出「懷孕了就結婚」的男人，抱著「奉子成婚」的心態，表明他的愛不夠真。他要的是女人的身體、兩性的歡愉，甚至是繁衍後代的義務，至於婚姻的責任，對女人的愛，沒想太多。

可以說，從一開始他的態度就很差，不是為了愛而愛，而是為了性而亂來。為了糊弄女人，讓女人跟自己做愛，什麼都敢許諾，才有了「懷孕就結婚」的謊言。

如此草率、直白、不夠真情的婚姻許諾，只有傻女人才會相信。

【見招拆招】

女人怕懷孕，所以拒絕男人的求歡。男人為了打消女人的顧慮，給她最想聽的諾言「懷孕了就結婚」。女人信以為真，撤銷了最後防線與男人一夜歡愉。

可是問題來了，女人真的懷孕了，男人會娶她嗎？要男人兑現這一諾言，完全是件機率很小的事。在他看來，這不過是一句求歡的藉口，怎麼能夠和婚姻扯上關係？

所以，女人不要傻了。問問自己「到時候他不娶我怎麼辦？」理智地反問，有助於清醒地對待婚戀。

22

「結婚以後所有事情都聽妳的」

【潛台詞】親愛的，吃什麼、穿什麼、用什麼，通通由妳說了算，但是買車買房的事，還要經過我這一關。反正這樣的事也不多，總體來說妳當家作主的事情更多。

在朋友圈裡，齊美算得上是才貌雙全、通情達理的好女孩。雖然出生在都市富裕家庭，但她對鄉村來的「鳳凰男友」很少挑剔，從沒有因為出身背景瞧不起他。

由於兩人都已經二十七、八歲了，齊美的父母有些著急，很想女兒趕快找到情感和生活的歸宿。他們對齊美的男友也很中意，看著這位一表人才、學識淵博、頗懂為人處世的未來女婿，並沒有顧慮他的家庭狀況，反而替他著想，認為他事業剛剛起步，家裡條件較差，會盡量安排婚事。

之後，齊美跟著男友回了一次家鄉。說實話，齊美此行不過是走程序，至於家庭情況如何她是不在乎的，所以她根本沒有關注一些細節，而且大方地做了一個未來兒媳婦該做的事情。

齊美認為，自己的表現是不錯的，男友家人應該會贊同他們的婚事。然而，男友家的反應讓她大吃一驚，他們覺得齊美太瘦了，婚後生不出兒子；而且從小在城裡長大的女孩，嬌生慣養，以後生活肯定會麻煩不斷；還有，與齊美結婚等於倒插門，今後家裡人還能指望兒子什麼？所以，他們希望兒子回來找媳婦，還一廂情願地託人介紹了個姑娘。這樣的想法和做法讓齊美哭笑不得，好在男友心胸豁達開朗，勸慰齊美不要把這些事放在心上。可是齊美還是心有芥蒂，她說：「你家裡這麼想這麼做，以後你夾在我們中間，不是受氣嗎？」

男友倒很堅決：「放心，只要我們結了婚，家人不會太多干涉的。」

齊美撇嘴說：「是嗎？結婚後你都聽我的？」

男友笑了：「聽妳的，聽妳的，什麼事都聽妳的。」

不多久，婚事提上了議事行程。齊美和男友先去領了結婚證書，然後籌備婚禮，以及新房禮車等事。齊美的父母決定為女兒大手筆操辦婚事，所以婚禮、新房都是準備好了。齊美一家忙裡忙外，有時候徵詢男友的意見，他總是憨厚地笑笑：「挺好的，你們看著辦就行。」事情準備得差不多了，齊美想著自己和男友工作多年，都有積蓄，不能總是讓父母出錢，因此提議禮車由他們自己買。

誰知男友一聽這話，頭搖得像撥浪鼓似的：「不行不行，買什麼車？我們都沒有駕照，買輛車有什麼用？」

齊美說：「沒有駕照可以考啊！你看看，現在年輕人誰不開車上下班！」

男友還是反對：「沒必要，整天為塞車繁心，不值得。」

齊美很納悶，男友這是怎麼啦？從一開始籌備婚事到現在，什麼事他都聽自己的，怎麼現在突然變了？

矛盾一旦打開缺口，就像氾濫的洪水不可收拾。接下來，齊美認為男友的家裡雖然沒錢，可是也不能袖手旁觀，應該有所表示，最起碼婚禮的費用該負擔一部分。可是男友一臉為難的表情，說父親剛剛動了手術，母親一直身體不好等等。這讓齊美很寒心，他家裡娶媳婦，就這麼一毛不拔？這個婚究竟要不要結了？

【心理剖析】

婚前，男人對女人說「婚後一切都聽妳的」，為的是討女人歡心，賣弄自己的體貼和溫情。婚後，男人履行諾言的可能性，比火星撞地球的機率還低。婚姻中的男人，永遠忘不了自己在家庭中的地位：我是家長，我說了算。我可以大方一點，吃喝拉撒的小事嘛，交給妳處理好了。買車買房的大事，當然得經過我批准才行。

【見招拆招】

男人的這句謊言，通常沒有多少惡意，不過是為了討好女人，嘴上抹了蜜。甜言蜜語可以聽，也可以不聽。關鍵是聽了也不必太當真，可以笑著說：「聽我的幹嘛？大事、小事還是商量著來更好。」顯示出一種寬容和理解的態度，同時也告訴男人，「我不會強勢到事事當家，但你也要心裡有數，不能糊弄我，家裡的事最好兩個人共同決定。」

不戰而屈人之兵，這是女人的聰明。

千萬不可為了這句話與男人作對。傻女人總是事事認真，抓住男人說過的某句話不鬆口，爭辯「你不是說聽我的嗎？怎麼說了不算？」

這種做法只會激怒男人，讓他感覺丟了顏面，受了氣，以後會更不聽妳的。

第三章

閃爍其詞——男人婚後少不了的無奈謊言

23

「我應酬還不是為了這個家」

【潛台詞】家裡太悶了，我出去是為了放鬆一下，妳再糾纏的話，我「工作很忙」的時間會更多。

夜裡十一點，忽然接到好友麗麗的電話，她是名護士，經常值夜班，因此我很自然地問了一句：「又值班了？」麗麗長長地嘆口氣：「值什麼班？現在家裡都快沒我的班值了。」「怎麼回事？」我聽出她的話裡有話。「還能什麼事？還不是因為我老公！」接著，麗麗開始向我痛訴老公的種種罪過。聽來聽去，我總結了幾個字：老公忙於應酬不回家。

麗麗的老公是一家上市公司的銷售經理，工作需要常常在各地飛來飛去，應酬是少不了的。由於他個性開朗，很喜歡交際，朋友、同學、客戶在一起吃飯、打麻將、唱歌是家常便飯。這樣一來，家務事全落在了麗麗一人肩上，她既要上班，還要帶孩子。每天忙完了，她覺得自己身心俱疲，可是那個該寬慰她、給她溫暖的老公，還不知道在哪裡逍遙呢！

每當這種時候，麗麗總忍不住給老公打電話，一開始，老公還敷衍幾句，說陪客戶吃飯，或者同學聚會等等，很快就回去。可是很快是多久？她等啊等，晚上十點多了，還不見動靜，她再次打電話過去，老公又說去喝茶了。

這種事情天天上演，麗麗簡直快要崩潰了。最讓她無法忍受的是，深夜時分，麗麗在家等煩了，不停地撥電話，老公呢？乾脆掛斷，然後直到凌晨兩三點鐘才回來。

當然，他們吵架的次數也越來越多。麗麗是個急性子，她老公的脾氣更火爆，為此兩人吵得天翻地覆。老公一副滿不在乎的姿態，理直氣壯地朝著她吼叫：「我天天應酬，還不是為了賺錢，為了這個家！」有時候情緒激動了還藉著酒勁摔東西。總之，他認為麗麗天天跟在屁股後面像催債似的，管得太嚴了，他太壓抑，受不了。

想想兩人在一起不容易，再加上孩子也小，老公除了應酬多其他方面還好，麗麗很想控制自己的情緒，不能衝動。所以，每次吵架之後都會原諒老公，希望繼續好好過日子。一旦兩人心平氣和了，她也會勸老公：「應酬多了對身體不好，沒必要的場合就別去了，還是一家人和和樂樂過日子吧！」老公也表示，自己也有做的不對的地方，以後會盡量顧家。

可是，老公一旦出去了就立刻忘乎所以，把自己說過的話拋到九霄雲外，該回家不回家。麗麗很生氣，責問他為何出爾反爾。這時老公就會氣急敗壞，瞪眼睛揮拳頭，覺得麗麗是在無理取鬧。

次數多了，麗麗也灰了心，她覺得自己改變不了老公，也許離婚是最好的出路。可是孩子怎麼辦？以後自己的路又該如何走？

【心理剖析】

男人說：「我能不應酬嗎？」意思是說，「我很喜歡應酬。」

男人說：「我應酬是為了這個家。」意思是說：「別干涉我，我很喜歡應酬。」

應酬是男人體面的幌子，許多曖昧的、不想為老婆知道的行為都是「應酬」的產物。

從字面理解，「應酬」不過是為了某種目的去做不想做、又不得不做的事，去見一些不願見、又不得不見的人，聽起來是在強迫自己做某些事，可是男人為什麼樂此不疲呢？

首先，男人是社交性動物，離開群體的生活對他來說很難接受。所以，他害怕孤獨，很喜歡與朋友們在一起。

其次，男人喜歡吹噓，場面多大，地位就多重要。一個沒有交際圈的男人，總是不被人瞧得起。

所以，「應酬」再累，男人也會趨之若鶩。更何況，現代社會的應酬，還附帶著很多情色因素。

綜合來看，男人應酬是一種心理需求，他對老婆說「為了家而應酬」，不過是一句簡單的謊言。給老婆的暗示是：應酬很累，我不想應酬，可是為了生活我必須這麼做，妳一定要理解我。

【見招拆招】

男人奮鬥，應酬不可少。但女人要弄清楚，男人「為了家庭而應酬」這句話，是不是為了逃避家務事和夜不歸宿找藉口。

首先，女人要清楚，男人的應酬是必不可少的。適當的應酬有助於事業發展，家庭和諧，不必斤斤計較他每次應酬。

其次，男人應酬應該有「度」，無限制的應酬勢必傷害家庭，危及婚姻。當他以「家庭」為藉口時，直接告訴他：「你這樣做不但不利於家庭和諧，還會拆散我們！」

男人應酬是會上癮的，防止上癮，最好及早打預防針。比如，增加家庭情趣，多與他交流溝通，讓他感覺家的溫暖。記住，不可強迫男人，也不要追著男人不放手，動不動吵鬧生悶氣，他感覺壓抑，更加想方設法外出「應酬」。

24

「下次家務事我來做」

【潛台詞】我會做家務事的，只不過這個時間嘛，永遠都是下一次。

朋友秀秀人如其名，相貌出眾，又有學識。在大學時談了一個有錢有貌的男朋友，可是畢業後兩人分了，因為男友找了個比她更漂亮、更出色的女友。分就分了，雖然秀秀十分傷心，卻也無力扭轉乾坤。工作後，秀秀埋頭事業，竟意外收穫了一位男客戶的愛情。

這名男客戶不僅相貌堂堂，極具口才，還是有車有房有事業的企業主。兩人戀愛半年，就幸福地結了婚，一年後，生了個可愛的寶寶。

在外人眼裡，這是一段完美的婚姻。一開始，秀秀也是這麼認為的，可是隨著孩子一天天長大，她真是叫苦不迭。她對我說：「結婚三年他老人家就睡了兩年。」「老人家」指的是她老公，因為比她大近十歲，所以有如此稱呼。

在家裡，秀秀負責了洗衣做飯拖地帶孩子，另外，還要伺候老公。

秀秀的老公習慣在家裡工作，一根電話線，一台電腦，遙控指揮、安排、調度各種事務，即便躺在被窩裡也能照常辦公。據說，二戰時英國首相邱吉爾先生就曾早起躺在床上辦公，難道他也有偉人的潛質？

但是，秀秀的老公再怎麼神，也沒有偉人的能量，他能調度的事情很多，也有很多事情需要有人現場去操作。誰呢？秀秀是他最合適、最信任的代言人。他不停地指揮秀秀：「老婆，需要一份供貨合約，妳去打一份，然後送過去。」「老婆，妳去取支票，回來把帳入了。」「老婆，這是一家進貨公司的電話，妳聯繫聯繫，做個方案。」

……

秀秀一邊忙著家務事，一邊還要替他跑前跑後，真是氣得快要瘋了。有人勸她：「這有什麼，男人能賺錢就好。」

是，他是很賺錢，而且也沒有抽菸酗酒的嗜好，也不出「彩旗飄飄」，可是他天天在家辦公，秀秀實在受不了。有時候生意不忙，他也一點家務事都不做，而是專心地打遊戲、聊天，好像天生如此。秀秀忍不住與他理論，通常都是不理不睬，急了，就會扔下一句：「妳做妳的吧！吵什麼，我養活一家人容易嗎？」

有時候孩子哭了、鬧了，秀秀著急，就朝著老公吼：「你長沒長眼睛？沒看見孩子哭嗎？你就不知道伸伸手哄哄他？」

碰上老公心情好的時候，也會把孩子接過去哄哄。可是一旦他做著事情的時候，總是兇巴巴地對孩子，弄不好又打又罵的。孩子才一歲多點，真讓秀秀心疼，沒辦法，早早送了幼稚園。

老公不僅在自己家裡如此做派，對待父母親戚也是不聞不問的。他老爸病了，叫他開車送醫院，他倒好，叫來一輛計程車去幫忙。老爸住院了，他從不去看望，想起來了就讓秀秀過去瞧瞧。親戚家有喜事，他嫌路遠不肯去，安排司機送去禮物。秀秀說：「你也太薄情了吧！」他卻說：「不是有妳嘛，妳去就代表一切了。」

這樣的老公真是讓秀秀哭笑不得，一次她下了決心把老公從床上揪起來，她說：「你還這樣我就走人，再也不回來了。」老公問：「我起來做什麼？妳為什麼要走？」秀秀說：「我累了，我病了，知道嗎？你看著辦吧！」老公四下裡看看：「親愛的，生什麼氣。妳說，晾衣服、掃地、洗碗，我做哪一樣？」

秀秀氣得瞪大了雙眼：「什麼？你還想只做其中一件嗎？你應該全部都做！」

老公立刻說：「下次，下次我做，好不好？」

這已經是第N遍的「下次」了，天啊！秀秀覺得自己沒辦法跟他過下去了。

【心理剖析】

有人說，男人都是射手座，上半身是人，下半身是獸，因此他表現得有時候像人有時候像獸。

婚前，是一副溫文爾雅的模樣，懂得如何討女人歡心，跑前跑後，忙裡忙外，懂事又體貼，那時是絕世好男人。婚後，獸性外露，襯衫、內褲一星期都不知換一次，襪子、領帶到處飛，找不到對妳又吼又叫。想妳了直奔主題，不想的時候懶得看妳一眼。

男人說「下次家務事我來做」，只是為了安慰女人的一個謊言，他不想為了家務事與女人爭執，只好違心地應承一下。說這句話的時候，他沒有多少惡意，只是為了彼此的和諧。

【見招拆招】

為家務事吵架是夫妻間最常見的事，因為女人接受不了一個婚前甜言蜜語、無所不能的男人，婚後為何變得如此懶惰，不可理喻？

說句實在話，男人不是懶，而是不擅長家務事。而他娶女人的目的之一，就是打理他的日常生活，讓他可以輕鬆過上井井有條的日子。

女人，可以抱怨男人不做家務事，但千萬當不得真。他說「下次我做家務事」，聽聽就好了，寬慰寬慰自我，不要追著他喊：「你不是說要做家務事嗎？怎麼不做了？你說話不算數！」這會激怒男人，急了、煩了，他不僅不會做家務事，還會真的「說話不算話」，做出危害妳們婚姻的事來，這就得不償失了。

真想讓老公做家務事，不能強迫，只能智取：哄，比強迫更有用。比如給他一個熱吻，裝裝病，撒撒嬌，男人開心了，也就聽話了。

真不想做家務事了，條件許可的話，不妨請個鐘點工或者保母，幫自己打理家事。就像故事中的秀秀，家庭收入不錯，老公事業繁忙，自己還要老婆兼秘書，太累了。請個人做家務事，分擔了自己的勞動量，不必讓瑣碎事情影響婚姻和家庭的和諧。

25 「我這麼做都是為了孩子」

【潛台詞】妳怎麼就不能為了孩子多替我想想？

蕭豔豔是一個活潑開朗的女孩，我和她有點親戚關係，而且還在一起跑過業務。由於她個性外向，能說能幹，我們都暱稱她「小燕燕」。不知為什麼，豔豔二十五歲了，還沒有談過戀愛，後來在媒人介紹下，她認識了吳俊偉。他們很快熱戀並出人意料地閃電結婚。當時，我去參加婚禮還笑她：「妳真是結婚狂啊！」

婚後不到一年，豔豔的女兒出生了。我和幾個姐妹去喝滿月酒，發現她並不是太開心。私底下問她怎麼回事，她猶豫了半天，也沒說什麼。這可不像她的性格，我們心裡都藏了疑問，也不再問什麼了。

後來，斷斷續續聽說了她的遭遇。原來她老公吳俊偉是個不折不扣的賭徒，在認識她之前已經賭得家徒四壁，就剩下他們結婚的新房了。家裡人誰也管不住他，這時有位算命先生給他父母出主意，說給他找個老婆吧！他命裡怕老婆，能鎮住他。父母無計可施，只好聽從算命先生的說法，急急忙忙給他相親結婚，豔豔就這樣糊塗嫁過去了。

既然已為人妻為人母，豔豔也不想計較太多，打算與吳俊偉為明天好好奮鬥。豔豔家裡過的還算富裕，為了幫助女兒女婿，出錢為他們辦了一個加工廠。這個廠子不大，但是利潤還不錯，加上豔豔能幹，小夫妻倆的生活總算走上正軌。

轉眼間，廠子開辦了九年，期間豔豔又生了個兒子，夫妻倆的關係也一直很好。吳俊偉偶爾也會出去賭一次，但都是小賭怡情，從不玩到很晚，也不會輸多少錢。有時候豔豔也會提醒他：「別玩上癮了。」他都是笑笑：「不會不會，為了孩子我也不能。」

本來，豔豔以為日子就會這麼安靜地度過，可是好景不常，前不久的一天，吳俊偉不知和什麼人賭錢，竟然一夜之間輸得精光，賠掉房子和廠子都不夠還賭債的。由於害怕債主上門逼債，只好連夜逃回了家鄉。

按理說，吳俊偉犯下如此大錯，豔豔會對他十分惱恨。可是豔豔是個顧家的女人，就想再給老公一次機會。由於沒有事情可做，夫妻兩人整天謀劃生路。吳俊偉想到了出國，他姐姐在國外，可以去投靠她。豔豔同意了，不過說好了兩人一起去的，可是批下來的只有豔豔。吳俊偉說：「妳有了居留證，妳先去，去了之後再申請我去。」

豔豔拋夫別子，來到異國他鄉，開始沒日沒夜地工作。她想多賺錢，想盡快與老公團聚，這樣的日子一過就是三年。三年來，她不停為老公申請出國，老公每次都會強調：「如果我也去了，孩子怎麼辦？為了孩子，我還是該留下來。」

豔豔以為老公疼孩子，卻不料他在家裡尋歡作樂了整整三年。

老公對外聲稱自己離婚了，找了個比自己小十歲的女人同居，這件事所有人都知道，就瞞著豔豔一個人。豔豔氣不過，回國找了那個女人。吳俊偉主動地表示，一定離開那個女人，回心轉意與豔豔繼續過日子。

可是這樣的話怎麼可輕信？豔豔很快知道他們之間「情未了」。這時她想起當年出國，他之所以沒有出去，都是預先謀劃好的。想到這些，豔豔真是心寒，現在他家裡人一致痛罵吳俊偉，可是這有什麼用？豔豔很想離婚，吳俊偉卻振振有詞：「妳想怎麼樣都行，但就是不能離婚。不為別的，我這麼做還是為了我們的一對兒女。不能讓他們這麼小就留下父母離婚的陰影。」豔豔聽得後背冒涼氣，她從一開始容忍他，難道真要容忍一輩子嗎？

【心理剖析】

男人以「都是為了孩子」為藉口，要求女人做這做那，顯然是一種缺乏誠信的婚姻態度。他知道孩子是女人心中最大的牽掛，為了孩子女人可以犧牲一切，所以，拿「孩子」說事，他就可以繼續掌控老婆，為所欲為。

並不是說男人不疼愛孩子，可是在孩子問題上，女人明顯比男人付出更多，犧牲更多。

男人以「孩子」為藉口，目的不外乎兩點：一，表現自己的愛心，讓老婆覺得自己是個負責任的好老公、好父親；二，提醒老婆接受現實，繼續為婚姻和家庭付出，也就是為自己付出。

這個藉口往往十分有效，女人當真捨不得孩子受半點委屈，哪怕明明知道男人在說謊，還是為了孩子繼續與他過下去。

【見招拆招】

賭習難改，遇到一個賭徒老公是女人的不幸。有賭有騙，每個賭徒都是一個活生生的騙子。豔豔的婚姻從開始就帶著欺騙的色彩，在一連串騙局中，她是最無辜的受害者。

即便如此，豔豔還是沒下決心離開老公，放棄這段婚姻，因為為了孩子她還想保住這個家。在老公一而再強調「為了孩子」的藉口下，她更加為難，更加放不下。

感情不講道理，生活卻需要繼續。豔豔目前的狀況，如果實在捨不得孩子和家庭，也沒必要分分秒秒提離婚，可以走出去，做自己喜歡的事，交喜歡的朋友，學會愛自己。那時，說不定老公受妳影響，也會有了新的變化。

如果非離婚不可，有鑑於多年來婚姻中存在的財產問題，應當有心理準備，比如離婚前有沒有財產轉移的情況，要求法院公正判決。

26

「等我有空了」

【潛台詞】關於這件事，我真的不想做，能拖一天是一天吧！最好拖到妳自己去做。不要總把注意力放在我身上，好不好？

春暖花開的日子，我想約老公一起去旅遊。我家附近有個新開發的景點，公司裡很多同事都去過了，我也想讓老公出去活動活動，整天宅在家，還不發霉了。

晚上，我跟他說：「明天一早去好不好？」老公趴在電腦前，悶悶地回答：「等我有空吧！」

「你明天有事？」

「是的。」

「什麼事？」

「還不知道呢！明天再說。」

真是讓人汗顏，這樣明目張膽的謊言也說得出口。不去就不去，幹嘛非要找藉口？其實，生活中太多男人都喜歡這麼說，他們總是「很忙」，總是沒有時間陪家人，沒空做一些該做的事。

老公的妹妹前幾天回娘家了，她是生氣回來的。她說，老公常常加班，每天都很晚回來。這也罷了，他回家後從不抽出時間陪自己，從不在乎她的感受。孩子正上幼稚園，每天接接送送，他從來不管；家務事更是很少插手。一家人生活，總免不了一些大小事，廚房的燈壞了，需要換新的，妹妹買回來交給老公，可是老公接也不接：「放那吧！等我有空再換。」

什麼時候有空？左等右等，一週過去了，廚房的燈依舊沒亮。

表哥家的女兒結婚，妹妹想給老公買件新衣服，叫他去逛逛商場，老公還是一副不緊不慢的表情：「有空再說吧！」

什麼事都是「有空再說」，他沉得住氣，妹妹可是快要爆炸了。一氣之下她回了娘家，當然她老公還是阻攔了，不過沒有攔得住。

自從妹妹回來後，那位「沉住氣」的老公一通電話也不打，一個簡訊也不發，大概也還是「有空再說。」

表哥家的婚事如期舉行，我們一家和妹妹都去了，妹妹的老公也在場。妹妹很想他能藉機把自己接回去，可是他什麼話也不說。

好在下午，妹妹的婆婆帶著兒子親自登門，請妹妹回家。妹妹只想聽聽老公的意思，可恨那人始終沒有多大熱情，好像妹妹回不回去，都不是他的責任。

妹妹掛念女兒，還是與他一起回去了。不過晚上兩人又吵起來了，妹妹想這段時間孩子跟著不開心，打算帶孩子去公園走走，最好是一家三口同去。她老公一聽立刻搖頭回絕：「明天公司還有事，有空再去吧！」

妹妹氣憤地問：「你心裡到底有沒有我們娘倆？」

他說：「妳怎能這麼說？我不是不去，可是我要有時間才行啊！」說完，轉身躺倒床上，再也不開金口。

妹妹拿他沒辦法，就把他的罪狀告到婆婆那裡。婆婆只好訓斥兒子，警告他必須全心全意對待媳婦和孩子。沒想到此後妹妹的老公更是變本加厲，基本上不與妹妹溝通，好像工作越來越忙，每天在家的時間越來越多，連句「有空再說」的話都很難聽到了。

【心理剖析】

男人說「等我有空」，真實意思是「我不想去做，不想陪妳」。但他在婚姻關係中，總是那麼被動、膽怯，怕得罪女人，更怕女人糾纏，害怕說了實話，女人會翻臉，吵鬧生氣，於是選擇了找藉口——「等我有空」。

當然，不想去做的實話男人不敢說出口，說了肯定招致一頓痛罵：「你變心了」、「你不負責任」、「你怎麼可以這麼對我？」、「你不愛我了」……眾多罪名劈頭蓋臉而來，男人只有招架之功毫無還手之力。因為，男人不擅長解釋，不喜歡與女人爭論。

其實，這並非男人厭倦了女人，也並非他是兩面派，而是男人結婚為的就是穩定，把女人娶回家，就像把獵物帶回來一樣，這件事已經完成了，已經成為過去式，我該享受得到的東西，而不是繼續操心費力地與之周旋。

【見招拆招】

女人的失誤在於總是喜歡相信男人，他說「等我有空」，女人就真的「等」，一等二等等等不來結果，就會著急上火，認為男人「說話不算話」，「騙人」。

要女人理解男人的謊言，真的很難，她總也想不明白男人的真實意圖。

其實，「等我有空」不是一句多麼可惡的藉口，多數時候只是一句敷衍，沒有惡意。只不過說的次數多了，女人無法忍受。很簡單，你一而再出爾反爾，不是耍我嗎？到底什麼時候有空？

女人不應該為男人的這句謊言所累，應該學聰明些，學會一些應對技巧：

第一，聽懂男人的話外音，當他以「等有空」推託時，告訴他這件事很急，等不得。

第二，如果事情不急，就不要三番兩次催促男人，好像離開他活不成一樣。每個人都是獨立的，他是妳老公，不是妳跟班，他有自己的自由和思想，需要自己的空間，妳催，他只有躲。

第三，保持適當距離，有助於婚姻和諧。太緊了，會窒息。

第四，有自己的時間和朋友，不要把生活鎖在妳和老公之間。天大地大，每個人都可以活得很精彩。

第五，老公和妳確實很忙，可以請鐘點工、修理工為你們做家務事，雖然花了錢，可是錢財有價感情無價，不必為了瑣碎事破壞兩人的感情。

27「都老夫老妻了」

【潛台詞】妳，對我而言已經不再新鮮，承認這個事實，做好保母該做的事，別再渴求什麼「恩愛」、「浪漫」、「愛情」了。

「老公，你愛我嗎？」

「都老夫老妻了，還問這個問題幹嘛？」

「什麼，我們結婚才八年。」

上面這段對話，很多夫妻都經歷過。女人，不管到了什麼年紀，都心存浪漫，希望聽聽男人說：「我愛妳。」而男人認為，一旦老婆娶到家，特別是生了孩子之後，有關愛情，應該與這個女人無關緊要了。所以他說：「八年還短啊？」可是女人不依不饒：「你說，到底還愛不愛我？」

除了愛不愛的話題，男人以「老夫老妻」為藉口的機會還有很多。好友愛麗絲的女兒三歲，老公是事業型男人，在外辛苦打拼，幾年時間大大改善了家庭經濟條件，讓她們母女可以充分享受物質財富。老公是個賺錢狂，但不是財迷，把錢都交給愛麗絲保管，任由她支配。這麼好的老公，愛麗絲應該心滿意足，可是她有時候總覺得有些缺憾，覺得婚前婚後的生活狀態發生了很大變化。

結婚前，雖然清貧但兩人可以在一起吃飯、逛街，恩恩愛愛，彷彿有說不完的話。現在呢？有了錢，卻缺少了很多樂趣。老公基本上是不陪愛麗絲逛街，他說：「工作夠累了，還出去逛什麼？妳有錢想買什麼自己買去吧！」他難得休息，在家也是賴在沙發上看電視、玩電腦、打遊戲，沉浸在個人的快樂之中。

老公也很少跟愛麗絲聊天談心。愛麗絲很想跟他說說話，聊聊家長裡短，就是隨便說話，不關什麼正事。可是老公好像很彆扭，他說：「有事說事，沒事說什麼！」

一次，女兒到外婆家沒回來，愛麗絲準備了溫馨晚餐，準備和老公浪漫浪漫。可恨老公坐在桌邊除了猛吃猛喝，轉頭看球賽，根本不多看愛麗絲一眼。愛麗絲很受傷，忍不住說：「當年要不是你，我也不會喜歡上看球賽。」言外之意，你當年那麼熱心地給我講解足球知識，現在怎麼棄之不顧了？老公隨口說：「妳看什麼球？看好孩子是本份。」

愛麗絲的熱情一落千丈，只有默默地收拾碗筷上床睡覺。

其實，老公能回家陪自己吃飯，愛麗絲已經夠滿足了，多數時候老公都在外面吃飯，一週在家吃飯的次數只有一兩餐。工作應酬，愛麗絲能理解，可是她總想多跟老公說幾句話，這難道有錯嗎？為了多跟老公聊天，她主動關心他的工作，但老公總是反感地表示：工作夠煩了，難道還要把那些不快帶回家嗎？

愛麗絲明顯感覺老公的脾氣不如從前了，兩人的性生活也在逐漸減少，品質也在下降。她很懷念那些激情浪漫的歲月，兩人在一起情意綿綿，說不盡的恩愛，道不完的纏綿，可是現在卻無力挽回。老公每天很晚回家，回來時愛麗絲基本已經睡了。

現在的生活讓愛麗絲很困惑，她不知道該怎麼辦？難道這就是傳說中的老夫老妻，以後的日子，就該如此敷衍下去嗎？

【心理剖析】

婚姻中，男人常常對女人說的一句話就是「都老夫老妻了」，用來應付女人的一些不滿、一些要求、一些不快。給老婆的感覺是：我們之間關係穩固，妳安心做好妳的太太工作，不要想入非非，更不要無事生非。

可是多久的婚姻才算「老夫老妻」呢？老夫老妻了，女人就該忍受一切，不再有所要求嗎？

從這個角度分析，這句話不過是男人一個冠冕堂皇的理由，真實意思是說：妳對我來說早就不新鮮了，認清自己的位置，別再裝嫩扮酷，現實一點，我能給妳現在的生活，已是我極大的奉獻。再有什麼要求，就過分了啊！

可見，「老夫老妻」之說，一方面是男人在穩定女人，減少麻煩；一方面是提醒女人，盡量少打擾他，他需要自由。

【見招拆招】

「老夫老妻」這個藉口，並沒有什麼惡意，甚至還帶著一點點善意，提醒女人滿足當下的生活，不能有太多不切實際的想法。

可是，女人很不喜歡這個藉口。一，女人很害怕「老」，認為自己在男人眼裡真的已經老了，沒有魅力了；二，女人希望男人一直對自己說「我愛妳」，喜歡浪漫而多情的生活。男人不冷不熱一句「都老夫老妻了」，會瞬間秒殺她們的激情，帶來無法言喻的傷害。

所以，「老夫老妻」之說運用不當，很容易成為感情的隱形殺手，促使女人做出不該做的事，比如越軌尋找激情，證明自己沒有老等等。

正確看待這句謊言，女人應該認清男人的真實面目，他如果真的只是覺得你們關係十分牢固，希望你們過穩定日子，那也沒什麼，適應比改變更重要。另外，為了激發他的柔情，妳可以設法創新一下現在的生活，比如製造一些小浪漫、弄一些出其不意的小活動，使他產生新鮮感，生活會更和諧。

28

「不是老了，是累了」

【潛台詞】這是對妳說的，對別人，可有的是激情和精力哦！

與愛麗絲一樣，好多女人都有同感：夫妻生活的時間越長，老公在房事方面的表現越冷淡。與熱戀和新婚時相比，彷彿驟然間老了，精力不濟了。這不，網友蘇蘇就抱怨，老公好像背著她有什麼心事，似乎喜歡上了公司的一位女同事。她觀察到，老公隔三差五就去那個女同事的網路空間看看；而且他自己的空間也加了密。以前蘇蘇可以隨便瀏覽，現在進不去了，她第一感覺老公對她設了防。

蘇蘇很想問問老公是怎麼回事，是喜歡上那個女人了，還是對自己有什麼意見。可是她想到這樣問不利於夫妻關係和諧，弄不好適得其反，刺激他的叛逆心，於是只好緘口。然而，這越是讓蘇蘇寢食難安，她打從心裡想知道老公為了什麼原因去那個女同事的網路空間。

當然，蘇蘇的猜忌心也不是單單為了這一件事。最近，她與老公之間的交流越來越少，她心裡有很多話想說，卻不敢說，因為擔心老公反感。有一段時間，兩個人幾乎不說一句話。有什麼問題了，可能電話裡講講，見面卻沒話了。每每想起那段經歷，蘇蘇都有種害怕的感覺。

伴隨著這些表現，蘇蘇和老公的性生活也大打折扣。老公常常很晚回來，即使在家裡，也喜歡睡沙發，還說：累了，一個人睡覺舒服。蘇蘇卻覺得他有意迴避自己，不免心裡恨恨的。有時候她會想，該死的傢伙，難道沒有生理需要了？天天睡沙發，也不知怎麼解決這一問題？她心裡又恨又怨，真有些怨婦的味道了。可是他老公像是忽然失去了某些功能，總是不解風情。

兩人結婚十二週年紀念日到了，蘇蘇想藉機跟老公重溫一下愛情之美，特意去美容院做了美容，穿上新衣服，想給老公「煥然一新」的刺激。老公還挺配合的，下班準時回到家，給蘇蘇帶回來精美的禮物，見到一桌子飯菜高興地直誇：「不錯不錯，手藝進步多了。」

晚餐順利進行，蘇蘇喝了一杯紅酒，很快滿臉紅暈。她有些把持不住自己，不住往老公身邊靠，已是情態蕩漾，話語柔綿。老公呢？喝酒後也是性情大動，不像往常吃完了就去電腦前，而是摟著蘇蘇進了臥室。

可是，事情永遠沒有想像的美好，蘇蘇還沒有怎麼反應，老公已經完事了。她沮喪地躺在床上，說出了一句很久以來想說的話：「唉，真是老了。」

老公卻不以為然：「哪裡老了，是累了。」

之後，蘇蘇也暗暗調查過老公是不是跟那個女同事關係曖昧，結果顯示他們之間一切正常。

蘇蘇就納悶了，老公又不尋花問柳的，為何這麼不中用了？她認為老公年齡大了，應該多鍛鍊身體，注意保養等等，為此給他買了不少保健品。老公一看，當即說：「拿走拿走，我不需要。」「年紀到了就該保健。」「到什麼到？不是說了嗎？是累了！」老公吼道。

現在，「累了」幾乎成為老公拒絕蘇蘇的口頭語，她很苦惱，怎樣才能讓老公對自己重新產生興趣，恢復夫妻之間的和諧關係呢？

【心理剖析】

性，永遠是男人最喜歡又最怕的東西，世界上幾乎沒有哪個男人對自己的性能力滿意，就像沒有女人對自己的容貌完全滿意一樣。

不管男人的性能力如何，總以為自己天下無敵，哪怕陽痿了，偷偷吃壯陽藥，也絕不承認自己不行。尤其在女人面前，他會想方設法找藉口，「今天心情不好」、「太累了」、「天氣不對」等等。這些無關緊要的藉口，掩飾了他慌亂的心情。

因為，要讓男人承認自己「老了，不行了」，簡直等於要了他的命。就像要一個女人承認自己「老了、醜了」一樣，太難。

所以，他會說「不是老了，是累了」。「老了」，預示著生命的衰微，生理能力的降低，性的自然減弱。而「累了」，只是一時的疲乏，休息之後恢復了元氣，照樣可以神龍活虎。

【見招拆招】

男人最怕的就是女人埋怨自己性能力不行，這等於給他判了死刑。所以他每次做愛之後都喜歡問女人「怎麼樣？好不好？」聰明的女人要給男人自信，不要總是抱怨時間不夠長次數不夠多，可以說說感受，突出一下美好的地方。

做為老婆最好明白，在床上老公很在意妳的感受，讚美他，給他信心，幾乎是他努力的全部動力。

婚後多年，隨著兩性關係熟悉，激情消退，要一個男人始終如一地那麼愛妳對妳，是不可能的。女人要做的，不是質問、埋怨、猜忌，而是與老公一起努力，從熟悉的風景中發現新的樂趣。

29

「逢場作戲罷了」

【潛台詞】跟她，逢場作戲，對妳，也是逢場作戲。人生如戲，只要妳不追究，這場戲我會演得很成功哦！

真沒想到，當年難得的一對佳偶，人人羨慕的郎才女貌，也擺脫不了世俗誘惑，玩起了出軌遊戲。他們都是我多年的同學，從高中時起戀愛，大學、畢業、工作、結婚，誰也沒離開誰，最終走向了婚姻的紅地毯。這是多麼值得祝福的伴侶，我們女生都羨慕陳玉敏，說她運氣好，一下就找到了自己的真命天子。

陳玉敏和老公李明偉婚後的感情也十分好。他們在一家公司上班，陳玉敏做會計，李明偉擔任副總，由於工作原因，李明偉常常出差，陳玉敏就主動擔負起了家裡所有家務事。

不久前，李明偉又一次出差去新加坡，因為業務關係，大學同學給他介紹了一位年輕女性朋友——蓉蓉，她與李明偉算是同行，也是同鄉，希望以後能多多照顧。

蓉蓉和李明偉一見如故，聊得十分開心。回家後，李明偉把這件事從頭到尾說給了陳玉敏聽。

可是不久，陳玉敏發現李明偉出現了問題。首先，他有了神秘電話，手機鈴聲一響，他就緊張，看看號碼，有時候就會跑到陽臺接。一次，陳玉敏在陽臺上看到李明偉開著車進了車庫，半天都不出來，下去一看，站在門口打電話呢！其次，李明偉的應酬明顯多了，尤其是晚上，比從前回來的晚多了。

陳玉敏察覺到了，但她不想急著追問。畢竟信任是夫妻間最寶貴的基礎，她想，為了這些事懷疑老公，是不是太多心了？

可是不問，陳玉敏的心裡又很難受。不久趁著李明偉出差的機會，她忍不住去電話公司調出了老公的手機通話清單，果真看到他和一個手機號碼通話頻繁，每天都有好幾次，時間有長有短，長的時候一兩個小時。這下，陳玉敏斷定李明偉在外面有了狀況。

等到李明偉回家，陳玉敏跟他攤牌說：「如果你想要這個家，你就把事情如實告訴我，我原諒你。如果你不想跟我過了，那你不用說什麼。」

李明偉突遭打擊，毫無準備，沉默了一會兒後，終於說出了真相，原來他和蓉蓉早就有了肌膚之親。說到這裡，李明偉對陳玉敏強調：「老婆，妳要相信我，我對她毫無感情，只不過是逢場作戲罷了。」他一再表明自己愛的還是老婆，與蓉蓉不過是身體上的誘惑，並表示從此斷絕與她來往。

陳玉敏雖然心痛，卻又能如何，她決定給老公一次機會。

此後，李明偉的電話少了，貌似安份守己過日子。

一切看似往正常上發展，陳玉敏也逐漸淡忘那些不快。這天，李明偉中午喝了點酒，不能開車，就把車交給陳玉敏駕駛。陳玉敏開著車往回走，路過城市中央大廈時，前面有個女人攔住了車，看樣子她是專門在這裡等的。她不是別人，正是那個叫蓉蓉的女人。原來，李明偉與蓉蓉並沒有斷絕來往，背地裡還是偷偷聯繫，今天就是說好一起吃飯的。

事情暴露了，李明偉對陳玉敏解釋說，最近他在業務上與蓉蓉有聯繫，而且她也給了自己很多便利。總之一句話，李明偉對陳玉敏的承諾完全成了空話。逢場作戲也好，真心實意也罷，是他和蓉蓉之間的事，而陳玉敏，變成了局外人。

陳玉敏又傷心又覺得噁心，她提出了離婚，可是李明偉堅決不同意，他要陳玉敏體諒他的不捨，體諒他的無奈。陳玉敏氣得無語，她真沒想到李明偉會這麼無恥，擺明了要左擁右抱，還口口聲聲要別人體諒他，體諒他什麼？家裡家外四處演戲，不感到累嗎？

【心理剖析】

男人說「逢場作戲罷了」，不過是哄哄老婆而已。裡裡外外，他在演一場好戲，目的就是一面縱情聲色，一面籠絡住老婆，既愉悅了身心，又沒有破壞家庭和諧，兩不耽誤。

男人是很喜歡逢場作戲的，認為這是一種釋放壓力、舒緩情緒的好辦法。只是這種場合多了，難免會犯錯誤，假戲真做，身不由己。

造成這種結局的內在動因是：很多結婚後的男人需要兩個甚至更多女人，這樣才有安全感。當男人長久地與一個女人相處時，他會缺乏自信，產生焦慮，不安煩躁，像是一頭關進了籠子的野獸。他看透了婚姻和女人的本質，最想做的是繼續尋覓新的女人，釋放自己的性和激情。

但男人不會主動破壞原有的性關係，不會輕易選擇哪個女人，因為這對他來說，極其困難。她們都吸引他，讓他害怕，和其中任何一個分開，都預示著回到了原來的樣子，還是和一個女人過日子，他受不了。

【見招拆招】

女人要明白，出軌是男人婚姻生活中十分重要的一個內容。不是說每個男人都會搞婚外情，而是他天生渴望女人越多越好。

所以，當他說「逢場作戲罷了」，就該知道他背著妳做了壞事，可能是歡場作樂，也可能是有了新的戀愛對象。

不管哪種情況，都說明他這句話是一句謊言，是騙妳相信他不會離開妳。

女人，更多害怕男人拋棄自己，而不是男人有了新歡。

喜新不厭舊，是現代男人典型的婚外情態度。以致於有些女人無奈地想：他們外搞他的，只要回家好好待我，都一樣。

這是一個錯誤的生活態度。縱容男人，會助長他的邪氣，不把妳當回事。女人要自強，明白告訴他：「我不能容忍你這樣做。你這是在欺負我、騙我。」如果沒有了感情，不必珍惜他；如果還想給他改錯的機會，他必須做出抉擇。

不要擔心，以為逼迫他選擇會傷害他，相反，他的懦弱需要助推，在兩難之間的抉擇，需要快刀斬亂麻。

30 「下次讓妳做主」

【潛台詞】妳還是聽我的吧！不要自以為能當得了家做得了主。顧及妳面子，為妳預備著很多「下次」，至於哪個「下次」，看情況再定。

我們一致認為，謝文文是朋友圈裡最幸福的女人，兒女雙全，家財萬貫，開著BMW，住著別墅，老公經營有方，公司生意興隆。在這樣的環境中生活，再有什麼不滿意是不是太不識趣了？我們來看看謝文文的故事，也許能有新的發現。

謝文文比老公小七歲，兩人相識時老公離異，帶著一個女兒。謝文文還是個從沒戀愛過的年輕女孩，漂亮有才學，追求者不乏其人，可是她卻對這個「二手男」情有獨鍾。那時，雙方的經濟條件都很一般，都是一般上班族，沒有多少收入。結婚後，他們一心想著改變現狀，所以工作都很努力。謝文文是公司的法律辦事員，經常出差到外地，還要接洽客戶。她透過辛勤勞動，在工作方面得到了同事和客戶的一致好評，職位不斷提高，還去德國和日本深造，讓朋友們羨慕了好一陣子。

就在事業蒸蒸日上的時候，謝文文的老公卻讓她辭職。因為老公獨自做起生意，需要人手，強烈要求謝文文幫他。謝文文不想扔下工作，更不想讓老公生氣，最終不得不放棄了事業與老公一起打理生意。

從前兩人聚少離多，在一起都是討論感情、家務事，展望未來，現在天天泡在一起，為了金錢、事業而奔波，謝文文忽然發現事情沒有想像得那麼美好。

在老公的公司裡，所有事情都是老公說了算，尤其是經濟方面，謝文文沒有參與的權利。從前，謝文文的薪水都是交給老公，家裡的錢由他保管。謝文文每個月都有額外收入，不缺錢，想買什麼隨意，也就沒放在心上。現在好了，謝文文給老公打工，沒有其他收入了，她覺得很不自在。偶爾老公給她零用錢，總覺得他是施捨，而不是自己該得到的。

沒有錢就沒有語話權，謝文文真正體會到了這一點。從前在家裡大小事由她出面時，老公也沒說過什麼。現在家裡和公司的事老公一把抓，謝文文如果有不同意見，基本上是無效。老公總是按照他個人的想法去處理。有時候謝文文很想好言好語地勸勸老公，他倒好，心情好了一句「下次聽妳的」搪塞過去，如果心情不好，乾脆對著謝文文又吼又叫。

謝文文覺得自己的處境太被動了，很想出去散散心，老公從不支持。他常常諷刺謝文文的朋友、同學：「跟那些人來往，就是浪費時間和精力。」

謝文文很生氣：「你一點人情味也沒有。」

老公振振有詞：「生意人說生意話，要什麼人情味。」

一次，謝文文參加老同事女兒的婚禮，這位老同事與她老公也熟悉，謝文文很想兩人一起去，可是老公卻說：「明天還有事，妳自己去好了。」

各方面都要聽老公的，謝文文能好受嗎？她想還不如再走出去工作，免得兩人天天在一起彆扭。老公聽了她的打算，搖頭否決：「妳出去能做什麼？在家照顧好兒女，這就是最大的貢獻。」

照顧孩子和家庭，謝文文不是不想，可是她實在受不了老公的頤指氣使，也不想把時間全部消耗在家裡。於是她跟老公說：「要不請個保母吧！」

老公不同意：「孩子多大了，還請保母，不是花冤枉錢嗎？妳在家做做飯，他們上學，不用請保母。」

謝文文當不了自己的家，十分憋屈，一次跟老公吵架：「我嫁給你就是給你家當保母嗎？你太自私了！」

老公不甘示弱：「那妳工作這麼多年都有什麼？連間房子也買不起！現在還想去上班，不是沒事找事嗎？」

既然不能出去工作，在家裡消遣消遣也好。謝文文考了駕照，家裡有兩輛車，她卻一輛也摸不著。老公說了，開車危險。謝文文爭辯說熟能生巧，如果不開永遠也開不好。但是不管她怎麼說，老公就是不讓她做主。

現在的謝文文真是苦惱極了，她辛辛苦苦付出所有還不是為老公創造財富，名車別墅、光鮮的打扮、懂事可愛的兒女，為此她付出了青春和汗水，可是老公為什麼就不能讓自己當一次家做一次主呢？

【心理剖析】

霸道、自以為是、以自我為中心，依然是很多男人婚後的典型表現。受傳統觀念影響，中國男人更喜歡當家做主，他不是娶老婆，而是找了一個廉價保母，加一個免費生子機器。大男人主義，用來形容此類男性一點也不為過。

但男人很聰明，為了更好地控制老婆，讓她心安理得接受自己的地位，為了不激怒她，讓她更好地為自己付出，也會弱弱地撒句謊：「下次讓妳做主。」給女人希望，讓她覺得自己真的不只是保母，在這個家裡也有當家做主的份。

至於「下次」是什麼時候，就很難說得清了。

當女人認真地要求權力時，他也許會說：「這次不行，還是下次吧！」

下次復下次，下次何其多。

故事中的男人，他不僅瞧不起女人，不尊重女人，甚至根本沒把老婆放在與自己平等的地位上。有車不讓她開，有錢不讓她花，他連心疼老婆都做不到，更別提讓老婆當家做主了。

【見招拆招】

遇到霸道男，有依附心理的女人，倒也無妨，慢慢習慣就好了。可是有些女人不喜歡，或者男人做的太過分，女人就不會心甘情願受壓迫。可以和男人好好談談，談談自己的真實感受、想法，告訴他不想做他的附庸，希望找到獨立的人格。

兩性關係最好的狀態不是一個人攀附在另一個人身上，而是互相支撐，並肩而立，可以枝葉交錯，也有自由空間。這樣，才可以良性發展，不至於枯萎窒息而死。

31 「這個月的薪水全給妳了」

【潛台詞】該給妳的都給了，不該給的妳就別過問了。

說起趙菁菁和張浩南，可是朋友圈裡有名的模範夫妻，兩人感情一直很好，趙菁菁是公務員，張浩南是企業經理，不僅工作體面，而且收入高，早早買了好車新房，日子過得舒服又幸福。這還不算，張浩南的父母退休後，為了讓兒子兒媳婦安心工作，還主動承擔了照顧孫子的任務，幫趙菁菁買菜做飯，料理家務事，不讓兒媳婦受半點委屈。

照理說這樣的好日子實該知足，其實趙菁菁也是這麼認為的。結婚六、七年來，她和老公幾乎沒有吵過架，偶爾有些小爭執，也總是老公率先示好，對趙菁菁又是哄又是勸的，直到她高興了才放心。老公細緻入微的體貼，趙菁菁是舒心的、幸福的，她覺得這種快樂的生活會一直持續下去。

但是，最近一段時間，趙菁菁沒有了從前的自信和安全感，她忽然間對老公變得疑神疑鬼。

張浩南性格豪爽，喜歡結交朋友，加上身為高級管理人員，有身分有地位，常常外出應酬就是家常便飯。關於這一點，趙菁菁早就清楚，而且已經習慣了。

有時候大家相聚，有人跟她開玩笑：「小心哦，妳老公這麼優秀，會被人拐跑的。」她總是笑笑：「跑唄，跑得了和尚跑不了廟。」她相信老公，可以說如同相信自己。老公也確實值得信任，不管在外面什麼應酬，從沒有做過出格的事，對待老婆和家庭，沒有一絲一毫的懈怠。

那麼趙菁菁的疑心從何而來呢？原來，婚後家裡的錢財一直由趙菁菁掌管，家裡有什麼開支，也都經過趙菁菁同意。對趙菁菁來說，這已經成了慣例。可是不久前，趙菁菁參加朋友的聚會時，偶然聽說了一件事：老公背著她借給同學50萬。

回到家後，趙菁菁左思右想都不明白：老公從哪裡弄了50萬？為什麼不跟我商量？他這麼做是什麼意思？趙菁菁沒有直接質問老公，擔心這麼做會傷害彼此的感情，但是不問心裡又彆扭。一天晚上，臨睡前她還是忍不住提起了這件事。老公先是愣了愣，接著主動向她解釋：「那同學是同鄉，從小一塊長大的，感情深厚，他離婚後一無所有，想借點錢做生意。說好了，下月會還的。」

趙菁菁並不在乎這些錢，她困惑的是，老公是否背著她設了小金庫。從結婚到現在，老公每個月的薪水都「上交」了，怎麼突然冒出了50萬？

之後，老公很快告訴趙菁菁，同學還了錢，並把錢交給趙菁菁。這更讓趙菁菁疑惑，這些落在自己手裡的錢究竟來自何方？

有了懷疑，就有了矛盾，矛盾發展的必然結果是一場爭吵。趙菁菁和老公前所未有地大吵一架，並說出了心裡的不滿。老公彷彿早有準備，他說50萬是公司發的獎金，還沒來得及「上交」，就讓同學借去了，現在還回來，理所當然。

儘管老公的解釋天衣無縫，趙菁菁也不能去公司打探老公說的是否屬實，但這件事給她造成的陰影還是很重。她覺得既然是夫妻，就該坦誠相對，有困難一起分擔，有問題了共同面對，沒有什麼需要隱瞞的。

老公認為趙菁菁小題大做、借題發揮，他又沒做什麼對不起她的事，即便是「謊言」，也是善意而非惡意。對老公的辯解，趙菁菁一時半刻不能全部接受，她認為謊言就是謊言，如果說多了，婚姻必將受損。

【心理剖析】

男人為自己的謊言找藉口，說這是善意的，沒有故意騙妳。可是剝去「善意」的外衣，赤裸裸躺在眼前的只有「謊言」二字。謊言的本質就是欺騙，沒有說實話。即便這種謊言無傷大雅，也會傷害對方的感情。

但是生活十分複雜，不說謊的婚姻幾乎不存在。為了打消對方疑慮，男人女人都會說謊，心理專家的研究顯示，男人一生說謊超過九萬次，女人達到五萬次。如此高頻率的說謊，很多時候不是為了別的，只是為了維護婚姻關係，減少風險。

從這點看，說謊也算是婚姻的策略之一，善意的、目的單純的謊言，說說無妨，不必當真。

男人說「這個月薪水都給妳了」，想向老婆表達一下尊重和信任。但他會不會真的都給老婆呢？他有個人的小隱私，留一點錢備用，沒什麼大驚小怪。但他不敢跟老婆說，一是覺得沒有必要，二是圖方便，擔心老婆問東問西，麻煩。

【見招拆招】

善意的謊言看似無所謂，但是說的多了，也會傷及對方感情。就像故事中的趙菁菁，她完全不會在意錢的問題，但她不能忍受老公瞞著自己。很簡單，不管是什麼謊言，或多或少都會影響彼此的信任度。

正確對待謊言，女人除了善於察言觀色外，還要擺正心態。

第一，如果是為了怕自己擔心或者面子問題的小謊言，無關痛癢，就不必放在心上。睜一隻眼閉一隻眼，是婚姻和諧的最關鍵因素。

第二，家庭的財產最好公開透明。親兄弟明算帳，夫妻也不能糊裡糊塗，尤其是涉及到數額較大的收支時，一定要雙方商量，達成共識。

第三，謊言必須適可而止，哪怕它的目的再偉大、再高尚。妳可以與老公開誠佈公地談談，盡量讓彼此少說謊，少傷害婚姻。

32 「妳還想不想好好過日子啊！」

【潛台詞】別逼我，逼急了這日子就過不下去了！

今天又從網友那裡聽說了一個悲情故事。小文和老公結婚不到四年，還沒有孩子。老公從06年開始炒股，07年行情好，大賺一筆，股票市值超過了一千萬。從此，他辭去工作，當起了全職股民。在當時那種情形下，炒股是十分有前途的事業，小文也就沒有過多考慮老公的工作問題，只想著能賺錢就好。

股市風險大，他們08年結婚，當年金融危機後，股票市值大大縮水，一千萬眨眼間蒸發，只剩下一百多萬。這時候小文坐不住了，她開始勸老公：「找份工作做吧！股票可以照常炒，也要有日常收入啊！」老公不同意，小文就一個勁地勸。結果話不投機半句多，老公摔摔打打，不再理睬小文。

慢慢地，小文發現勸老公出去工作是很難的，他不喜歡自己學的專業，更不喜歡那類工作。

用他的話說：「他對金融感興趣，是金融方面的行家。」他自視甚高，股神巴菲特就是他的偶像。他常常說：「在家炒股，眨眼間就會身價翻番，那才過癮。」

看來他是上了股癮，每天除了開市看股票，收市聽股評，其餘時間什麼也不做。玩玩牌、打打遊戲，然後就是睡覺。這位超級股民一定要看著電視到凌晨兩三點鐘才能入睡，自然睡不夠的覺要白天補。他的作息規律給小文的生活帶來很多不便，看著別人每天忙忙碌碌工作賺錢，自家男人的狀態實在令人氣憤。小文的不滿情緒一天天高漲，她說話不再溫柔，常常指責他不求上進。

這天，小文參加同學聚會，看到大家要嘛事業有成，要嘛工作出色，回家後跑到陽臺上自己生悶氣。後來老公過來了，兩人說著說著鬧了起來，小文氣急了，又哭又叫。老公推著她吼道：「妳還想不想好好過日子？在這丟人現眼！」他認為小文的哭鬧影響到了鄰居，所以把她拖回臥室，還踢了兩腳。

小文一氣之下離家出走，老公既不來電話也不發簡訊。兩人僵持幾天，小文最後還是回去了，老公也跟她道了歉。

可是，什麼事就怕有了開頭。老公打老婆這事更是如此，自從上次踢了小文兩腳，接下來夫妻兩人之間動手的頻率逐漸提高。而且，每次老公都說小文不想好好過了。其中一次，小文逛街回家晚了，老公在家餓肚子。小文說：「你難道不會自己做飯嗎？」老公很不高興，拿起小文買的東西扔出門外。小文很生氣，撿起被扔的東西轉身就走。老公上去攔住她，低聲說：「妳想幹什麼？是不是不想過了？」說完，強硬地把小文拖進屋去，對她的背部打了幾拳。

這次挨打讓小文徹底傷了心，她開始有意無意結交異性朋友，有時候也一起出去玩。老公很快察覺到了這些變化，他開始檢查小文的手機、網路上聊天紀錄，一旦發現男性的資訊，就會暴跳如雷。小文不屑跟他解釋，他的疑心也越來越重。結果，兩人的關係繼續惡化。現在的小文真的痛苦難過，不知是繼續跟他過下去還是分手。過下去的話老公還有改好的可能嗎？明明是他不好好過日子，為什麼還總是這麼數落自己？分手的話老公會同意嗎？不同意又該怎麼辦？

【心理剖析】

「妳還想不想好好過日子」，是男人的一句帶有威脅性的謊言，警告女人適可而止，不能恣意妄為。表面看來，他沒有錯，是女人找碴鬧事，不想好好過了。女人為什麼找碴，為什麼不好好過，他不去說，只是強調女人做錯了，女人在無事生非。

也許，女人做的真有些過分，有些過於激動，可是根源在哪裡？恐怕與男人大有關係。就像故事中的男女，男的癡迷股票，無所事事，還對老婆缺乏信任，有家暴行為，你說這樣一個男人，女人會好好跟他過嗎？

男人並非不知道女人為什麼會這樣，只是他不願意明說。舉凡男人都是愛面子的，承認過錯難如登天，他寧可指責女人「不想好好過了」，也不會說「都是我不好，妳要多包涵」。

指責的謊言，透露出男人的許多無奈。他也不想說謊，可是不說，又擔心女人鬧下去會出大事。只好來個殺手鐧，逼迫女人要嘛住手，要嘛真的放棄現有的一切——婚姻、愛情和孩子。

【見招拆招】

面對家暴行為，女人必須堅決而徹底地說「不」。沒有商量的餘地，也不用勸自己如何體諒男人的難處，怎麼幫助男人走出暴力心理。

心理學研究發現，暴力是一種習慣，是一種反覆性行為。有了第一次，就很難制止下一次。

男人的暴力有內因也有外因，內因包括遺傳因素、環境因素等；外因也叫誘因，比如，工作不順利、做生意賠了錢、酒喝多了。任何一種誘因都有可能引發家暴。故事中的女人抱怨老公不賺錢，埋怨他只知道炒股，都是誘發他家暴的因素。

既然家暴開了頭，女人如果真的無所謂，將就著過下去吧！如果不能忍受，走得越快越妙。

33 「為了事業，沒辦法」

【潛台詞】我想喘口氣，沒別的意思。

每當老公一身酒氣走進家門時，玉華都忍不住心底打顫，她害怕，她的噩夢就要開始了。眼前的這個男人，早已不是六年前與自己談情說愛、溫柔相對的人，他似乎變成了她生命中的魔鬼，帶來的除了恐懼，還是恐懼。

玉華家和我家住在同一棟樓房，她住四樓，我家住三樓。當初他們結婚時，我還去喝了喜酒。一對年輕恩愛的情侶，在歡鬧聲中接受客人們的祝福，是那麼幸福，那麼甜蜜。聽說他們是大學同學，戀愛好幾年走在一起，當然心滿意足。

婚後，小倆口各自忙著工作，每天早出晚歸，倒也和諧。不到一年，兒子出生，小家庭充滿了歡聲笑語。日子本該越來越美好，可是就在這時，他們家吵架的頻率不斷上升。

玉華的老公從一般的業務員做起，由於工作出色而且為人豁達，很快得到上司提拔，年紀輕輕做了業務部經理。工作忙了，每天在家的時間少了，而且常常喝得酩酊大醉回到家。

玉華一人帶著孩子，辛苦不說，還要照顧酒醉的老公，當然很煩，於是不斷地埋怨勸說老公：「少喝酒，喝多傷身。」

老公聽了，根本不以為然：「一個男人，不喝酒怎麼做業務，哪有事業前途？」

玉華說：「那也不能天天喝得這樣！你這樣我和孩子怎麼辦？」

老公瞪眼吼道：「我這麼拼命，不就是為了妳和孩子，為了有個更好的未來嗎？」

這話玉華會感動嗎？玉華也想理解老公，可是滿地狼籍，一屋子酒臭味，還有老公的兇惡嘴臉，讓她覺得自己很受傷。

老公喝酒越來越上癮，脾氣也隨之暴躁。終於有一天，他酒醉後動手打了玉華，儘管事後他表示了道歉，卻難以撫平玉華受傷的心。玉華一面撫摸著身上的傷痕，一面努力保護著兒子，寬慰著自己。她心裡唯一的希望寄託在兒子那裡，她知道老公也是愛兒子的，為了兒子，他一定會好起來。

事實證明，玉華很天真。接下來，老公喝酒後動手的次數更多了，動作也更兇狠了。看著這個口口聲聲為了自己和孩子的「好老公」，玉華沒有了疼痛和痛苦，她不反抗，只是覺得可笑。

有一次，玉華還是忍不住反抗了，因為兒子看著爸爸打媽媽，嚇得哇哇大哭。玉華求老公住手，老公卻打得起勁，玉華就與他拼命。結果，她哪裡是老公的對手，被打暈在地。

後來，還是鄰居們救出了暈倒的玉華，把她送進了醫院。娘家人聽說玉華的狀況後，上門找她老公算帳。此時的他，酒醒後又是一副「好人」樣子，不住地道歉，恨不得讓玉華打自己一頓。我們一群鄰居不忍心小倆口繼續鬧下去，也勸他：「戒了吧！喝那麼多酒有什麼好處？」他勉強同意，但是明眼人一看就明白，那不過是應付而已。果然，事後聽他跟一些鄰居交流時，還會說：「誰想喝那麼多酒啊！對不對？可是為了事業，沒辦法啊！」

這種理由真的很正確嗎？想想我自己的生活中，依稀覺得老公也多次說過類似的話，比如晚上不回家、不做家務事、不肯帶孩子、經常在外出差等等，就常常搬出這句話：因為事業，沒辦法呀。只不過，他只是這麼說說，從來沒有什麼過於激動的言行。

男人的事業到底有多麼重要？又有多麼難做？難道一定要犧牲家庭才能有事業嗎？真不知道玉華的日子將會如何下去。

【心理剖析】

「為了工作和事業」，是男人司空見慣的藉口之一。他可能真的很忙，真的無法按時回家，真的必須做一些不想做的事，但不可否認，他並非一定要這麼忙，如果可能，他完全可以比現在更從容地照顧婚姻和家庭。只是，他從心裡沒想那麼做，他也不知道為什麼，可是就是不想那麼快回家。也許是因為他太瞭解老婆，知道回去後老婆用什麼口氣跟他說話，用什麼眼神看他，他不願意面對，只想喘口氣。

除了這個原因，男人說「為了事業」，還有內在的心理因素。

第一，傳統觀念中，忙於事業的男人才是成功者，是優秀的男人。所以，男人最怕無所事事，哪怕工作不忙，他也要故意裝出一副離開他不行的樣子。

第二，一些男人自卑心很重，為了吸引女人足夠重視自己，故意說「為了事業」的話，讓她珍惜自己，提高婚姻含金量。

第三，出於對婚姻的不滿，男人以「為了事業」為藉口不回家，就是為了躲避婚姻，喘口氣而已。

很多時候，男人這麼說的原因，可能不只一個，也可能是上述幾條的綜合。

【見招拆招】

「為了事業」的藉口禁不起時間考驗。如果男人總是對老婆說「為了事業，沒辦法」之類的話，會增加老婆的不安全感。長久下去，老婆的擔心就會變成反感，甚至厭惡。就像故事中的男女，以「為了事業」為藉口酗酒成癮，還有家暴行為，哪個女人能受得了呢？

女人比男人更渴望婚姻的安全和持久，時間久了，再笨的女人也會明白，「為了事業」不過是一句好聽的謊言，是男人在哄騙自己。

對待男人的這句謊言，女人應該視情況而定。如果他真的事業很重要，只是為了躲避家務事，不想被生活瑣事糾纏，任他去吧！畢竟，忙於事業的男人確實很累，給他喘口氣的機會，是老婆該做的。

如果他是為了表現自己，想在老婆面前樹立高大形象，最好也不要戳破這層窗戶紙。給他面子，就是給他尊嚴，給婚姻和諧。

如果他把「為了事業」掛在嘴邊，卻做一些傷害婚姻的事，女人就該堅強起來了。比如故事中的玉華，沒必要再做他的受氣包，受他凌虐了，離開，重新開始新生活，就是最好的選擇。

34

「妳沒有錯，是我錯了」

【潛台詞】總而言之，只要能夠平靜分手，妳怎麼樣看我都沒關係。

我們辦公室有幾個女同事是相親節目的忠實粉絲，她們經常討論哪個女嘉賓怎麼怎麼漂亮，哪個男嘉賓怎麼怎麼優秀，誰跟誰應該在一起，誰跟誰不搭等等。這幾天，她們一致為一位叫秦偉立的男孩子叫好。秦偉立是博士生，25歲，喜歡讀書，很有學問，是個學術性人才。但是他並非書呆子，不僅長得一表人才，而且口才不錯，反應機敏，言語幽默，很討女孩子喜歡。

這樣的男嘉賓當然備受矚目，對他感興趣的女嘉賓非常多。其中有一個叫孟思靜的女嘉賓，年方23歲，大學畢業，在一家外企工作。她性格開朗，外貌俊秀，舉止大方，是諸多男嘉賓看好的人選。但她好像沒有多大興趣，前前後後拒絕了很多人。這時，人們把眼光聚焦到她和秦偉立的身上。果然，幾期節目下來，兩人越來越合拍，聊得也很投機。

就在所有人以為秦偉立和孟思靜會牽手時，出人意料的事情發生了：當孟思靜手捧玫瑰等待他過來時，秦偉立站在原地不動。在觀眾和主持人一再催促下，他開口說話了：「對不起，我現在還不能過去。」

「為什麼？」主持人吃驚地問。

秦偉立遲疑著說：「我還沒有做好心理準備，我是個不知道如何與女孩相處的人。」最後，孟思靜眼含淚水站在他面前，問了一句：「是不是我有什麼地方你不滿意？」「不，不，……」秦偉立慌忙否定，「妳很好，是我錯了。」

男女嘉賓的追愛遊戲落下了帷幕，觀眾的心情卻久久不能平靜。這不，辦公室的幾個女孩子天天議論，有的說：「秦偉立真不錯，很有風度，拒絕別人都那麼含蓄。」有的說：「什麼呀，他一開始就不該讓孟思靜心存幻想。」

究竟誰是誰非？生活中見多了分手的情侶，有的是戀愛中分手，也有的是結婚後分手，很多時候，女人都不甘心，會追問男人「我哪裡錯了？」她想知道為什麼結局是這樣，自己為何遭到拒絕。

快要出國的姪女就遇到了這樣的難題，她與男友戀愛快三年了。最近男友好像失蹤了一般，很長時間沒有任何聯繫。姪女給他發簡訊、網路上留言，最後男友回了三個字：對不起。姪女很生氣，可是仔細想想，自己要出國一兩年，是不是他不想等了？於是就把這個意思傳達過去。男友的回答還是很簡單：妳沒有錯，是我錯了。

「是他錯了」，這是什麼意思？姪女摸不著頭緒，又見不到男友當面詳談，只有乾著急。一氣之下就給他留言：我們都是成年人，你說句痛快話，是想繼續還是分手？男友回答：對不起，都是我的錯。

姪女感覺男友是想分手，可是她放不下這段感情，很想去找男友，卻又擔心一直以來都是男友追求她，忽然倒過來去找他，是不是太沒面子？再說了，找到男友說什麼？她想挽回這段感情還有希望嗎？

【心理剖析】

男人通常不會認錯，當他主動認錯的時候，通常是他已經鐵了心不願與妳繼續下去。

男人很虛榮，「認錯」代表著示弱，如果還想與妳保持關係，他不會輕易這麼做。因此即便錯了，他也要尋找各種理由為自己解脫，強化自己的形象。

男人在關鍵時刻向女友承認自己「錯了」，以此為藉口提出分手，明顯是給女友一個臺階，也是給自己一個心理安慰——「我錯了，我不好，不值得妳喜歡，妳就放過我吧！」

這不是真的說他有多麼差勁，而是告訴妳，他對妳不怎麼滿意。俗話說，蘿蔔青菜各有所愛，或者他有了更好的人選，只是把妳當作了「備胎」，最後看妳還是不懂事，直接連備胎也去掉了。

說這話的男人，說不上多麼聰明，但一點也不笨。如果直接說：「我對妳不滿意，我們分手吧！」女人會受不了，會追著他問：「我哪裡不好，我哪裡錯了，我怎麼做你才滿意？」這是男人最怕的事情。

所以，還是先認錯，趁女人還沒明白怎麼回事，立刻退出。

【見招拆招】

當男人以各種理由提出分手時，女人總是不甘心，為什麼會這樣？不管她對這個男人的愛有多深，她都不會輕易放棄這段情。很簡單，女人認為男人就該死乞白賴地求自己，不該無緣無故地退出。

這是女人愛情失敗的內因。女人往往自視甚高，進而產生了自負心理。實際上，哪怕妳貌若天仙，也不是所有男人都會選擇妳。況且，戀愛需要耐心和技巧，不是妳想開始就開始，想結束就結束的。

男人說「錯了」，可是妳還想與他好下去，這時爭辯沒有用。如果妳真的放不下他，就低姿態吧！耐心地反思一下，這段情自己到底付出了什麼，得到了什麼，如果他真的不想繼續了，也不用卑微，可以以朋友的身分重新與他開始。

第四章

虛情假意——為了分手不得不說的應付謊言

35「我喜歡自由」

【潛台詞】和妳在一起，我很不舒服，那種感覺非常彆扭。沒有妳，我就呼吸順暢，心情大好，我喜歡沒有妳的自由。

認識百合的時候，她才25歲，是個要強能幹的女孩子，一心想在台北站穩腳跟。轉眼間六年過去了，她在外資銀行有了穩定的工作，收入很高，事業有成。可是生活卻還沒有著落，至今單身。

去年的一次企業業務宴會上，在我介紹下，百合認識了阿豪，一個大企業的銷售經理，35歲，是「鑽石王老五」。在外人看來，他們兩人十分般配，年齡相仿、中層領導職位、收入豐厚、相貌都不錯、性格也是溫和有禮，可算是天作之合。一開始，兩人對彼此的印象都很滿意，阿豪主動地約見百合，百合每次都是欣然前往。

幾次見面之後，百合心裡有些不舒服，因為阿豪見到她之後，表現過於冷漠，缺少熱情。百合忍不住問原因，阿豪說喜歡日久生情的感覺。也是，三十幾歲的人了，哪能太急躁？穩重，才是最適當的表現。

阿豪做銷售工作，常常在各地飛來飛去，時間很不固定，與百合見面的次數其實並不多，每週最多一次，有時候兩、三週都見不到。期間，阿豪很少給百合打電話、發簡訊，反倒是百合，一有時間了就給他留言，可是阿豪的回覆很慢，甚至沒有任何反應。很多時候，百合的電話打過去卻無人接聽。阿豪總是說太忙了，百合也知道一個人在外打拼的滋味，因此表示理解，並努力支持他。

就這樣，他們的感情平穩地度過了三個月。互動來往，幾乎確定了戀愛關係，只是沒有親密接觸。有一次他們出去吃飯，百合喝了酒之後，情不自禁，與阿豪抱在一起。這是他們第一次擁抱，阿豪抱得很緊很緊，百合都要喘不過氣來了。這讓她感覺到了愛和安全，她覺得阿豪是喜歡自己的。但是，他們的關係僅限於擁抱親吻，再也沒有深入發展。

耶誕節到了，阿豪邀請百合去和朋友們玩，百合沒去。百合邀請阿豪去家裡做客，他答應了，卻沒成行。百合心裡糾結：這個男人到底什麼意思？

直到有一天，阿豪對百合說出了心裡話，他生活在單親家庭，跟著母親一起生活。後來母親再婚，前幾年繼父患了重病，生活不能自理。阿豪說：「我的條件很不好，不知道能不能給妳幸福。我以前有過女友，她就是因為這個原因與我分手的。」

原來如此，百合長吁一口氣，她想這沒什麼，自己能接受。從此，她更加心疼阿豪，照顧他、愛護他、理解他。

不久，阿豪工作變動，更加忙碌，兩人見面的機會也更少了。百合擺出一副未來媳婦的姿態，關心阿豪，還關心他的母親和家庭。不過她的努力始終換不來阿豪的熱情高漲，雖說平平淡淡才是真，可是這樣的戀愛哪個女人喜歡？百合忍不住與阿豪爭吵，吵過幾次之後，阿豪居然提出分手，他說：「妳是個好女孩，規矩懂事，可是我喜歡自由……」

百合很想把自己嫁出去，好不容易遇到一個心儀的對象，卻這樣不了了之，很不甘心。她覺得阿豪也是個重感情的人，為什麼就不能接受自己？還有他喜歡自由，自己也沒限制他什麼啊？

【心理剖析】

自由，幾乎是所有人的追求。但是在愛情面前，男人的自由就變了樣，他們會忙裡偷閒去約會，而不是與死黨一起吃喝玩樂；他們恨不能天天摟著女友親吻，而不要一時一刻的分離；他們寧願陪著女友逛街，哪怕又累又煩，也不敢有一絲不快的表示。

這才是男人陷入熱戀的表現。

如果，他為了自由不肯與女友交往，為了家庭疏遠女友，為了……理由再多再充足，只能說明一個問題：他對妳還算不上「愛」。

這個世界上有一件事必須相信，一個瘋狂愛著女人的男人，不會「高尚」到對她的身體沒興趣，除非他有生理問題；更不會幾週不去見她，與她無話可談。

35歲的單身男貴族，事業有成，人才出眾，正常情況應該是身邊女人無數。可是故事中的男人，不僅對女友不冷不熱，好像女人緣也不怎麼樣，而且對婚姻的興趣不濃，推算下去，一定還有其他問題。

【見招拆招】

想嫁的女人遭到拒絕，心情一定很糟。

看看那個男人的藉口，「喜歡自由」，更讓女人氣憤，難道我真的限制了他很多？「自由」只是不愛的藉口，與女人的做法沒有直接關係。

在這場貌似戀愛的遊戲中，女人真的愛了，而男人沒有。她不明白他的決絕，因為太喜歡他，希望與他有未來。他懂得她的愛，但他不愛，不想有未來，只好委婉地拒絕。

女人，不要沉湎在一個人的愛情中，不要以為愛他就是愛情的全部。愛情是互動的，不要一個勁地強迫自己相信，他多麼愛妳，他有多少迫不得已，他應該與妳有未來。

記住，自我麻痺只能害了自己。倒不如趁早結束，然後重新開始。

36

「我們不合適」

【潛台詞】我不喜歡妳，妳的性格讓我無法接受。

百合跟我說，她認識我之前，也就是二十二、三歲的時候，談過一次戀愛。那個時候，百合剛剛大學畢業，在一家企業實習期間認識了一名員警。兩人年齡相仿，也很談得來，百合喜歡他穿一身警服的樣子，帥氣，給人安全感。只是身為員警，男友的時間很受限制。這一點與阿豪倒是相似。說起來，員警男友與百合來自同一個地方，兩家還有點親戚關係，所以戀愛的事情很快告訴了雙方家長。家長們認為彼此門當戶對，都表示了同意。

只不過，戀情沒有人們想像的浪漫，剛開始還好，約會談心，情意綿綿。後來，男友常常加班，每週只能和百合約會一次。百合的女友說，這哪是戀愛，既然他忙，妳就多用心，主動聯繫聯繫他。百合想了想，覺得有道理，員警工作很辛苦，關心關心他理所當然，就試著和他聯繫。男友沒有推託的意思，每次電話都聊得不錯，有情有義，只是說沒有時間見面。

此後，兩人再約會，百合總感覺男友不夠體貼，好像兩人之間缺了點什麼。這時，百合實習期滿，需要簽訂工作契約，她問男友自己是繼續在這個城市工作，還是與另外企業簽工作契約？照理說，男友一定希望百合留下來，可是他只是說：「工作不能草率，要慎重考慮。」

這是什麼意思？百合弄不清男友對自己的態度和想法，反正也年輕，她想還不如分手算了。這天兩人難得出去吃飯，邊吃邊聊，百合感覺男友的態度不冷不熱，一氣之下說出了自己的想法。男友聽了，先是表示吃驚，然後堅決否認，並說：「我們再給彼此一些時間，好不好？在一起需要磨合。」

說實話，百合也捨不得就這麼與男友分了。接下來到了情人節，她想，看你怎麼表現了，如果還是這樣，自己還是要說分手。

結果，情人節那天男友彷彿人間蒸發，資訊全無。百合給他打了幾通電話，男友都不接聽。後來，他解釋說出了趟差，任務機密，所以不能隨便接聽電話。百合半信半疑，本來她認為與他在一起會很放心，可是現在一點安全感都沒有，真是害死人啦！她也不客氣，反問男友：「你不用解釋，我想知道你這麼做，是不是想和我分手？」

男友搖頭：「不是。」百合正在氣頭上，回了一句：「你天天和人打交道，我什麼心思你不懂啊？我的感情很不值錢嗎？」

最後，兩人鬧得不歡而散。百合再次提出分手，男友沒有立即答覆，但說回去會好好考慮。

百合回去後，覺得自己反反覆覆提分手，是有點耍性子，想想男友也沒做錯什麼，就這麼與他錯過了，挺可惜的。於是第二天一大早，她聯繫到男友，向他表示了歉意。可是男友變了，很堅決地說還是分手好。他說：「我考慮一夜，覺得我們還是不合適。」

一夜的時間考慮清楚了大半年的戀愛難題，百合覺得不可思議，自己千迴百轉地想著要不要和他分手，他這麼容易就下了決心。這麼長時間以來，他到底有沒有愛過自己？難道都是在敷衍嗎？

回想來時路，兩人也曾有過快樂和溫馨，有過對未來的憧憬，記得男友還說喜歡百合勤奮向上的精神，這與他很像，百合也說喜歡男友威武豪爽的個性。曾經的美好，現在一句「不合適」就畫上句號嗎？

【心理剖析】

讓女人奇怪的是，一個男人，在感情方面為什麼總是拿得起放不下，顯得唯唯諾諾，不知所措。

其實，這沒什麼大驚小怪的。男人面對「分手」二字，他比女人更在乎，更糾結。因為女人一向是弱小的群體，受保護的對象，男人主動提分手，會不會傷害到女人，成為他最大的心結。

女人想不開，也許會哭鬧甚至尋死覓活，那時豈不讓男人冠上了「陳世美」的惡名，成為不負責任的典型？這是男人最不願看到的。

為了避免這種狀況發生，男人選擇了冷處理，希望感情慢慢淡下來，最好是女人主動提分手，這樣就沒有了太多的心理負擔。因此，男人玩消失，不讓女人聯繫到自己，其目的都是為了「和平分手」。

所以，一句「不合適」，就是男人比較明朗的分手宣言，前期做了那麼多舖墊，還不敢直接說「分手」，不可不謂用心良苦。至於到底哪裡「不合適」，很簡單，只是他沒有那麼喜歡妳而已。

【見招拆招】

女人應該清楚，一個男人不再主動聯繫妳，不肯與妳熱絡的時候，你們之間的感情警報就拉響了。

故事中的男人也許從一開始就沒有多麼在乎百合，沒有看好彼此的關係，所以從來不提未來。這樣的男人，這樣的愛情，該放手時就放手吧！

需要提醒百合的是，在這段感情中，她沒有扮演好女友的角色，動不動提分手，給男人的暗示是妳不想與他有未來，何況他本來也不怎麼看好妳。結局只能是一拍兩散，各走各路。女人應向男人學習，不要把「分手」掛在嘴邊。因為妳第一次說的時候，他可能很當真，害怕失去妳。可是說多了，他就會做好分手的準備，認為你們之間真的完了。

37

「我覺得事業比較重要」

【潛台詞】和妳在一起，純粹是浪費時間，還不如做點別的事情。

這段時間我看了大陸的後宮劇《甄嬛傳》，狡詐多疑的雍正皇帝身邊女人無數，卻對任何人都沒有真愛，偏偏忘不掉死了的菀菀。為了菀菀，他會輟朝痛哭，根本不顧及自己的皇帝身分。可是在其他女人比如華貴妃、甄嬛面前，他強調的總是自己的江山基業。

都說男人愛江山更愛美人。這話真真假假，道不盡男人的詭秘心思。但有一點明白無誤，如果一個男人總拿事業當藉口應付女人，他的愛已經大打折扣。

鄔小娟與男友相戀十一年，這樣的愛情長跑實屬罕見。她考上大學的第一年就認識了男友，兩人很快相愛熱戀，整整四年大學時光，他們都是相伴度過的，說不盡的恩愛和甜蜜。畢業時，小娟選擇了就業，男友繼續讀研究所。兩人的想法很好，一個人先工作賺錢，支持另一個人讀書深造。

工作後，小娟的身邊不乏追求者，但她斷然拒絕，要等男友畢業。當初，兩人海誓山盟，男友碩士畢業就結婚。兩家人知道他們的情況後，十分贊成，張羅著為他們訂了親，從此時常來往。

男友在外地讀研究所，小娟做為未來兒媳婦常去探望公婆。與小娟家相比，男友的家庭條件比較差，父親又有病，所以小娟還會給他們買吃的、用的。未來的公婆很喜歡小娟，覺得兒子有福，找了一個懂事孝順的媳婦。

三年過去了，小娟眼巴巴等著男友張羅婚事，可是等來的卻是：「我又考上博士了，妳要支援我，博士畢業再結婚吧！」

小娟只好再等。這期間，她流產多次，不僅身體虛弱，還有婦科病。

男友的博士快要畢業了，小娟認為苦日子終於到頭了，催著男友領結婚證書辦婚事。可是男友卻一拖再拖，今天說「沒時間」，明天說「再等等」。這時，小娟發現自己又懷孕了，這次她不想流產了，對男友說：「我身體不好，再不生這個孩子，以後恐怕都不能要了。」男友不同意，說：「妳要了孩子，以後怎麼辦？我辛苦這些年還不是為了做一番事業，有了孩子會壞事的！」

小娟沒有聽他的，堅持生下女兒，並帶著女兒在婆婆家生活。

女兒一天天長大，小娟的心事卻始終無法化解。男友還是不同意結婚，他的意思是事業重要，婚事靠邊。

小娟不明白，結婚怎麼會影響事業？難道做大事業的人都不結婚？如果說男友變了心，為什麼不明說？這樣拖著有什麼意義？她多次跟父母和公婆說起這事，希望早點結婚，但是不管他們怎麼說，怎麼催，男友就是不肯和小娟辦領結婚證書。

辦領個結婚證書就這麼難？現在的小娟已經不求什麼婚禮形式，只希望男友能與自己領一張結婚證書，畢業後找一份安穩工作。如果在外地工作，就把她母女接過去一同生活。

【心理剖析】

什麼叫滑稽之談？男人說為了事業不想戀愛結婚，就是最典型的滑稽之談！他言之鑿鑿，實則是告訴妳，他不想與妳戀愛結婚。不信的話，看看世界上有幾個為了事業終生不娶的男人。

男人「為了事業」可以做出很多犧牲，但是不代表他就不能結婚。相反，穩定的婚姻有助於事業成功，這一點他比誰都清楚。所以，以「事業」為藉口的說詞，幼稚而淺顯，矇蔽的是那些愛他、希望他成功的女人。

【見招拆招】

情願等待男人成功後再嫁的女人，在歷史上曾經備受推崇。她們的執著、從一而終，可以為自己贏得一座座貞潔牌坊。

可是，現在不是100年前了，女人如果還像裹腳老太太那樣想那樣做，艱辛付出、苦苦守候，為了討好男人多次墮胎、支持他讀書、巴結他父母……真的不可思議。

擺明了這是一隻中山狼，不想把美好前程與妳聯繫在一起，為什麼還不清醒？還不痛下決心？

妳最想要的，是他最不想給的。這是不可調和的矛盾，不要再心存幻想了，孩子都生了，他還沒有娶妳的打算，說明他真的不想給妳名份。

如果堅強些，最好立刻離開他，同時把孩子留給他，然後重新開始新生活。妳有的是機會尋找到新的愛情、想要的婚姻。

如果沒有足夠的勇氣，那麼就鐵了心做他沒名沒份的女人，任由他在外面另尋新歡。

還有一種結局，妳可能會賭氣帶著孩子離開，告訴妳，這是最慘的結果，最好不要嘗試。一個未婚女人帶著孩子，日子十二分難過。

38

「我發現我們沒有共同語言了」

【潛台詞】我玩夠了，也玩膩了，厭倦了。而且我還發現了更有趣的人，妳是不是可以選擇離開了？

見多了各式各樣的分手，聽多了五花八門的分手「臺詞」，像許慧心這樣，前男友一句「我們沒有共同語言了」，便結束長達幾年的戀情，這種分手不在少數。

戀愛，追求的是兩人在一起快樂、開心，說不完的甜言蜜語，如今，連話都沒得說了，還談什麼戀愛，結什麼婚呢？

許慧心不是那種死纏爛打的女人，既然男友這麼說了，分手就分手。她不僅下了決心，也付諸了行動。

許慧心和現任男友相識於一次聚會，當時就有好心朋友提醒他，這個人常常扮演緋聞男主角，最好不要與他深入交往。可是許慧心卻固執地認為自己就是這位花心大少最後的情感歸宿。

在兩人正式交往的一段時間，男友表現得還真不錯，大有回頭是岸的態勢。不僅每天護送許慧心上下班，還寸步不離地陪伴她左右，恨不得一天有二十五個小時黏在一起。幸福是最有感染力的，做為朋友，我們為許慧心高興。

在兩人世界裡，許慧心滿心以為婚期就要逼近，天天期待著一場浪漫婚禮的來臨。她哪裡知道，男友的想法與她一點都不搭，這天，男友告訴她，相處的這段時間，發現彼此已經沒有了共同語言，他們更適合做朋友，而不是戀愛。許慧心吃驚得如同見到了外星人，一句話也說不出。

男友一副大方體貼的表情對許慧心說：「我們都是成年人，我相信妳是善解人意的女人，有些『遊戲』玩得起，對吧？」

話已至此，許慧心還能怎麼樣？只有認栽了。男友為了表示自己的多情多義，臨走時還說，以後還是朋友，有什麼事儘管找我。只要能幫妳的，兩肋插刀在所不辭。

話說得感人，可是許慧心未必放在心上，一個失戀的女人，只有慢慢咀嚼內心的痛苦。接下來很長一段時間，許慧心才走出失戀的陰影，並尋覓到了新的男友。上帝偏偏喜歡跟她開玩笑，就在這時，她又遇到了那個花心大少。

那天，許慧心和男友參加同學聚會，進門不久，前男友正半擁著一個女孩聊天。四目相對，他若無其事地與許慧心打招呼，還跟懷裡的女孩說他們是死黨，並邀請許慧心和男友一起逛街吃飯。

許慧心的男友不知她之前的事情，很高興地答應了。之後，他們果然一起來到商業街，邊逛邊聊，好像很投緣一般遊玩了半天。

事後，許慧心認為這不過是生活的小插曲，不會再有如此恰好的事情發生，當然也不會再和他有什麼來往。可是她想錯了，那位前任男友還真把她當成了朋友，有事沒事給她發簡訊，約她吃個飯。許慧心非常生氣，質問他：「我跟你有什麼關係嗎？我們早就無話可說，還見什麼面！」

前男友嘻嘻直笑：「我不是說了嗎？我們還是朋友，我想幫妳。」許慧心覺得他不可理喻，不想理他。

可是有一天，前男友喝醉了，也不知故意還是巧合，在路上遇到許慧心。許慧心心軟，就開車把他送回了家。結果，第二天前任男友的女朋友就來到許慧心的公司，大吵大鬧說她不要臉，是第三者、狐狸精。許慧心受了傷，現任男友也不聽她解釋，還要與她分手。現在她的情況是兩頭受氣。

【心理剖析】

愛著的時候，千好百好；不愛的時候，話不投機半句多。情侶之間的「共同語言」，就是這種情況。衛靈公喜歡彌子瑕的時候，高興時吃她剩下的半顆桃子，不喜歡了，就說她拿「吃剩的桃子」給君主，其罪大焉。

所謂的「沒有共同語言」，是男人發明的分手「外交詞」。話都沒得說了，還在一起幹什麼？從此，他當真不與女人聯繫，不再與之聊天，不再與之談情說愛，冷淡之下，女人也會索然無味，最終無奈離去。

這樣的分手，無傷大雅，甚至算得上體面，既達到了目的，又保全了男人的形象，還為日後做了鋪墊：他不是個隨便的男人，有追求，重感情。

這樣的男人確實有追求，希望追到更多女人；果然重感情，重視與每個新女友的感情。

但是，對妳來說，他顯然只是一次人生經歷而已，沒有足夠的愛，也沒有什麼情分。

【見招拆招】

分手了，就不要做朋友——女人應該記住這個人生哲理，不管是誰，見了前任情人總會有些尷尬，畢竟兩人有過超越常人的感情，何必一而再地強化這段記憶。

生活需要遺忘，舊情也一樣。「分手之後還是朋友」，只是一句電影臺詞，千萬不能當真。看到前任情人與別人親熱，祝福還是規避？前任情人提出幫忙的要求，幫還是不幫？處理好了落個人情，弄不好傷人又害己。所以，倒不如做最熟悉的陌生人。

39 「妳會找到比我更好的」

【潛台詞】我想換個玩伴，妳就不要纏著我了。

二十四歲的網友薇薇向我吐露心事，說她最近被一個熟男耍了。在遇到這個男人之前，她曾經有過一次戀愛，前後兩年多，後來發現男友有暴力傾向，就選擇了分手。也許受這件事影響，她對待戀愛有了新認識，覺得應該找個成熟、穩重、受教育程度高的男人，這樣比較保險。

有心人事竟成，薇薇果然遇到了一位符合條件的男士，銀行高層經理，收入高，穩重有風度，只是離異了，還帶個孩子。雖然從沒有想過會找個「二手男」，可是接觸後發現他對自己十分用心，噓寒問暖，漸漸地產生了好感。在交往中，男人表白說：「我有過婚姻，這一點是個缺憾，但也是優勢，這讓我更清楚自己該找個什麼樣的女人過日子。」話說得樸實，薇薇聽了也覺得踏實。

之後，他們的交往密切起來。這天，男人提出帶著薇薇去自己家，說：「妳應該好好瞭解一下我的生活狀況，如果可以，就搬過來住吧！」薇薇一個人在這座城市打拼，無依無靠，想到將有一個落腳之地，心裡十分激動。晚上吃過飯後，薇薇跟著他來到了家裡。薇薇本想坐坐就走，可是這個男人似乎早有準備，拉著薇薇情意綿綿，說不完的甜言蜜語。看著他深情的目光，薇薇雖有些不願，卻還是跟他發生了關係。

雲雨過後，他要薇薇留下來過夜，薇薇沒有同意，畢竟這一切來得太突然了，她沒有心理準備。

回去後，薇薇滿心喜悅，以為愛情之花將會越開越鮮豔。但出乎意料的是，第二天男友不聞不問，毫無動靜。

夜裡，薇薇思來想去覺得不對勁，就主動給他打電話。男友很冷淡，說在外地出差，今天回不來了。幾天過去就是情人節，薇薇還是沒有等來他的電話和其他資訊。這是怎麼回事？薇薇擔心了，她不知道事情為何發展成這樣。

週末，男友發了個簡訊，約薇薇見面。可是晚上又說有應酬，沒辦法來了。

薇薇沉不住氣了，多次給他打電話、發簡訊，約他見面，可是總被他以各種藉口推託。薇薇沒辦法，就說：「我們電話裡說說吧！」他不同意，認為還是見面比較好，電話裡說不清楚。

事情就這樣拖延了下去，直到有一天，男友發過來一條簡訊，上面寫著一行字：「我覺得妳會找到比我更好的。」

薇薇很迷茫，這是什麼意思？他喜歡我還是不喜歡？還會不會跟我見面？接下來該怎麼辦？薇薇不是隨便的女孩，生活中奉行傳統愛情觀，如今卻不明不白與人發生了關係，她不敢也不願跟身邊人說，只好把心事告訴我，希望聽聽我的意見。

【心理剖析】

在得到女人之前，男人甜言蜜語、信誓旦旦，貌似最有責任的男人，目的只有一個：哄女人相信自己。

很簡單，只有女人相信了他，才有可能把自己交給他。

故事中那個男人先是哄女人開心，訴說自己的不幸讓女人心軟。接著，邀請女人回家。目的不言而喻，感覺好，可以多帶她幾次，感覺不爽，就沒了下文。

其實，男人的這種伎倆並不難分辨。一個真正有責任心的男人，不會輕易對交往不久的女孩許諾未來。一個熟男，離異還有孩子，對年輕女孩許諾婚姻的可能性很低。像他自己說的「經歷過一次婚姻，更知道找個什麼樣的女人過日子」，他是說這次婚姻一定要把握好，千萬不能再有閃失。因此，他會考慮很多，權衡各種利弊，比如孩子的問題。考察這些情況需要時間，所以，快速的輕易的許諾，一看就不誠實。

在多日冷淡之後，他說：「妳會找到比我更好的。」寬慰之中顯示出警示，表明下了決心與妳分手。可是一個熟男，在佔有了年輕女孩的身體之後，「分手」二字實在難以說出口，便打算冷處理，不想讓妳糾纏不休。如此說，一來表明自己不是好色男，不是為了性而性，二來寬慰妳，不是我不喜歡妳，而是妳太好了，我配不上妳。

【見招拆招】

熟男一定先有性，才考慮婚姻。他知道性在婚姻中的重要性，因此千方百計引誘女孩上床。在得到她之前，也許會喜歡她的單純天真，得到之後，就該與現實掛勾，考慮這個女孩會不會、能不能跟我生活一輩子，可不可以做好孩子的繼母。

從故事的發展來看，薇薇被男友的成熟、風度、職業吸引，被他的關照、用情打動，但這些只能說明她很喜歡男友，不代表她能照顧好男友的家庭和孩子。

至於男友，一個熟男，完全有能力掌控薇薇的心思和感情，卻不一定真能保護她一輩子。

從目前的狀態看，男友下了決心分手，薇薇沒有能力挽回這段感情，她要做的，就是盡快走出這個錯誤。因為即便兩人見面了，談的還是如何分手，而不是如何發展下去。

薇薇應該記住這次教訓，在日後的戀愛中，不可被表象迷惑，不能輕易相信男人的許諾，更不要隨隨便便去男人的家裡。真愛，需要時間的檢驗。

40

「我是為了妳好」

【潛台詞】更是為了我好。妳好我好，大家分手會更好。不是我無情，而是我有義。

常常在網路上看到一些被甩女子的文章，不為別的，只是為了宣洩心中悔恨。說來也是，曾經的海誓山盟，曾經的牽腸掛肚，一句話成了陌路。這讓那些愛著的女人如何接受，如何活下去？

在各種分手藉口中，「我是為了妳好」，是男人們屢屢採用的藉口之一。

一次，我接到了一位網友的來信。

信是這樣寫的：

我和男友的愛情並不複雜。機緣巧合，我認識了他，只不過我是一名OL，而他卻是個外地人，沒有正式的工作。我們之間的差距懸殊，在很多人看來，我和他根本不是一路人。我也知道這些情況，從前根本沒想到會跟這樣的人戀愛，可是自從我認識他，就被他的甜言蜜語弄暈了頭。他能言善道，好像我肚子裡的蛔蟲，我喜歡聽什麼他就說什麼，我喜歡做什麼他奉陪到底。

每天我一出門，他早早地站在外面，幫我買好了早點，然後陪我擠公車，一直護送我到公司門口。他一天多次給我電話、簡訊，訴說著相思之苦，真讓人覺得一日不見如隔三秋。我喜歡逛街，他總是興趣盎然地同行，別看他沒有多少收入，但大方地請我吃小吃、喝飲料，雖然花不了幾個錢，可是讓我感動，畢竟那是他的血汗錢，禮輕情意重。

在我眼裡，他縱有千般不好，只要對我好就夠了。很快，我們同居了。一起生活之後，少不了日常開支。我的收入多，理所當然花我的錢過日子。他有很多朋友，經常與他們相聚應酬，他自己也很喜歡這樣的事，覺得這是「面子」。當然，應酬往來的開銷也由我出。我一個人的薪水既要養活我倆，還要應付場面上的事情，結果月月光，有時候還要信用卡透支，不然就沒了飯錢。

迫於生計，他也會零零散散地找些工作做，可是這些工作要嘛髒累差，要嘛就是不穩定。他也不滿足這種狀態，常常借酒澆愁，希望謀到一份像樣的職業。看著他苦惱，比我自己受苦還難受，我開始託人找關係、走後門，想盡辦法給他謀出路。還不錯，春節後不久，一家醫藥公司同意他去做倉庫經理。這是一份穩定、乾淨、收入可觀又清閒的工作，他高高興興地上了班。

當然，他沒少在我耳邊抹蜜，什麼我愛妳，遇到妳真是前世造化，感謝上帝讓我遇到妳，我會一輩子對妳好等等。我愛他，相信他，陶醉在這些甜言蜜語之中。可是後來的事實讓我明白了什麼是「糖衣炮彈」。

大約過了三個月，我隱約覺得他出了什麼問題，甜言蜜語少了，不似從前那般關心我，有時候晚上也不回來。我起了疑心，卻沒有什麼證據，這時好友勸我：「趕緊結婚吧！妳付出了所有的男人，別跟其他女人跑了。」

這樣的勸說正中我的下懷，就對男友說：「以前條件不好，沒辦法操辦婚禮。現在有條件了，你看怎麼辦好？」他支支吾吾：「我工作時間短，還沒穩定，要不過些日子再說。」

這是他的真實想法嗎？以前他還急著跟我辦領結婚證書，現在怎麼變卦了？

在我追查之下，真相浮出水面，原來這個負心漢在外面有了情人！我差點沒被氣死，指著他痛罵：「你吃我的喝我的，還背著我搞女人，你還有良心嗎？」

即便如此，我也沒有想到與他斷絕關係，畢竟三年的感情，再說我付出那麼多，不甘心被他要了。最後，我還是催他趕緊辦婚事。逼急了，他竟然提出分手，他說：「我這是為了妳好。妳是OL，有學歷、有前途，嫁給我，太委屈妳了。」

真如五雷轟頂，我當場昏過去了。

之後，他乾脆搬出了我們的住處，玩起了「消失」，對我的留言、簡訊、電話置之不理。

我該怎麼辦？痛不欲生就是我的真實心情，我想到了死，也許只有我死了，他才會知道我有多恨他。

【心理剖析】

雖然人們痛恨吃軟飯的男人，可是還是有很多男人喜歡吃軟飯。這確實是一種輕鬆的「職業」：動動嘴，哄女人開心，然後一切生活大計都解決了。不用操心賺錢，還能享受甜蜜愛情，人生在世，還有比這更美妙的事嗎？

有一位女作家寫過一篇文章，大意是支持吃軟飯的男人，認為吃軟飯要有本事，還列舉了馬克思等名人作證。

想想，男人吃軟飯實在沒必要大驚小怪，誰規定只許女人靠男人，不許男人靠女人？但問題的關鍵不在於誰靠誰，誰養誰，而是兩者的關係如何平衡、穩定。

故事中的男人，吃了女友三年軟飯，厭倦了、玩膩了，擺出一副道德君子模樣：我配不上妳，不能連累妳。屁話，三年前你怎麼不這麼說？三年來樂此不疲地享用她的情感、她的身體、她的錢財，怎麼就配得上呢？

所以，以「為了妳更好」為理由提出分手的男人，不僅虛偽，而且可恥。

【見招拆招】

既然他鐵了心吃軟飯，而且不只吃妳一個人，這種男人不值得絲毫留戀。

但是女人心裡難受，不甘心，很想教訓他。這種想法固然值得同情，但不值得贊同。愛上一個卑鄙的男人已是錯，為他做出過激行為更是錯。妳想到了死，可是這只會換來父母的悲慟，他照樣吃喝玩樂，照吃軟飯不誤。而且他會慶幸：多虧與她分手了，不然這種尋死覓活的女人，早晚都是麻煩。看到了吧！妳才是那個最不懂事、最不值得可憐的人。

要想教訓他，最好的辦法是活得更加精彩、快樂。

把自己修練成人見人愛的魅力女人，那時他才會真的後悔：當初真是瞎了眼，怎麼放棄了呢？

而妳，那段痛苦的經歷成了寶貴財富，讓妳更懂得如何愛，如何生活。

41 「和妳在一起，很累」

【潛台詞】很簡單，快點離開我，讓我輕輕鬆鬆開始一段新的愛情。

看多了悲歡離合，聽多了女人對男人的控訴，只是英子的故事更令我感慨頗多。

英子比我小不了幾歲，由於喜歡文學，與我有過交往，那時她還在讀大學，親切地稱呼我「老師」。沒多久，她大學畢業，在一家企業做文案工作。如果沒有那個男人出現，她的生活也許會十分簡單，但兩人還是相遇了。

那個男人三十歲左右，在電臺做廣告業務，也算小有成就。因為工作關係，英子常常跑電臺，不知不覺與他建立起了感情。這個男人早已娶妻生子，有了穩定的家庭生活。英子並非情場達人，可以說對愛情還很陌生，當她發現自己對他的愛時，已經無法離開他了。

英子不想做第三者，幾經權衡，希望從這場不該有的戀情中抽身。她多次痛下決心與那個男人分手，鼓勵他與妻子好好生活，可是他就是不同意。他說與妻子早就沒有了感情，曾經多次提出離婚，只是孩子還小，不忍心傷害孩子，因此一直拖到現在。

不久，男人的妻子知道了他們的事，大鬧一場，離婚大戰由此拉開帷幕。接下來，經過長時間鏖戰，婚終於離了，妻子分走他一大半財產。他呢？經過這次折騰，工作受了影響，又去投資做生意，由於缺乏經驗，接連失敗，經濟上很吃緊。這種狀況下，英子覺得他是為了自己才走到今天這個地步，應該多多支持幫助他，所以儘管雙方父母極力反對兩人結合，他們還是生活在了一起，只是沒有舉行婚禮。英子想，只要幫他創業成功，有了錢，父母們一定會贊同的。

經過兩人八年齊心協力的付出，他的事業終於有了起色，從一無所有變成了有房有車有事業的男人。這個時候的英子總算出了口氣，年華漸逝，她迫切地想與男友結婚，組成幸福的家庭。

然而，激情退去，英子與男友之間的愛情早已慢慢發生了質變，甚至十分糟糕。男友對她的挑剔與日俱增，再也沒有從前的恩愛纏綿，為了一點小事就會指手畫腳，猜忌生氣。英子覺得男友擺明不願與自己相處下去，可是她還是努力說服自己，這是暫時的，一切都會好起來。

英子要求盡快結婚，她認為這是解決目前狀況的最佳途徑，為此一個人辛苦地操辦著婚事。男友不但不聞不問，還在這個時候往她心上捅了一刀：他背叛了英子，與其他女人開始交往了。

這一下差點要了英子的命，她看到了男友在MSN上的留言，讓她噁心的是，他說給這個女人的話，與八年前對自己說的簡直如出一轍。當時，英子就傻住了，她想到了「因果報應」這個詞，心中有種說不出的痛苦。

男友沒有一句安慰，而是提出了分手。他說與英子在一起，心裡有種負重感，總覺得很累。他的孩子覺得是英子拆散了他的家庭，一直記恨她，所以他寧可接受其他女人，也不能跟英子好下去了。他還說自己捨不得骨肉親情。這是什麼屁話。英子很想罵他，卻罵不出口，只覺得心在滴血。男友除了表示道歉和補償外，表明了不再回頭，他說那個女人年輕漂亮又能幹，還很愛他，寧可犧牲與父母的親情也要嫁給他。

英子不明白，這麼好的女人為何與自己搶男人？男友回答：「當初，我跟前妻也是有感情的，是我變了心。現在我又變心，只能對不起妳。」這樣的話出自深愛的男人之口，英子的感受可想而知。為愛付出了八年好時光，結果換來男人這麼一句鬼話，值得嗎？可是英子鬼迷心竅般，還是希望挽回男友的愛，分手之際還說：「如果你又離婚了，我還會等你的。」

這樣一波三折的愛情歷來都是花邊新聞和茶餘飯後的話題，對英子的表現，我除了同情，還有可恨，難道妳就不能有骨氣一些，離開這個朝三暮四的爛人嗎？

【心理剖析】

有人說，男人出軌是會上癮的。雖然這句話不見得準確，但事實證明，很多男人一旦出軌，就不把這樣的事情當回事了。偏離軌道的火車，好像有了慣性，很容易再次犯錯。

當初，那個爛男人就是受不了誘惑，與英子走在一起，如今，又有了更強、更大的吸引力，出軌還不是理所當然的？

受道德約束，男人第一次出軌會有很強的負罪感。在這種壓力下生活，隨著激情減退，一切歸於平淡，男人的慾望再次受到了挑戰。很自然的，新女性的出現給他帶來了新的衝動和快感。

於是，再次背叛，滿足了心理和生理需求，突破了道德底線，最終，他變成了一只破罐子。破罐子破摔，也沒什麼大不了的。

所以，他直接了當跟妳說：「與你在一起，很累」，潛在的含意就是：妳既然愛我，就不要讓我活得這麼累，放了我吧！我追求的是輕鬆自由的愛情，像當初我追求妳時一樣。

【見招拆招】

人生不是道理講得通的，妳覺得委屈，認為男人欺騙了自己，可是他還認為妳破壞了他的生活。搶來的愛有風險，因為這種「愛」背負著太多不該有的東西，甚至是一種變態的愛。事實證明，「小三」轉正後，日子往往越過越不好。

八年前，他背叛了老婆與妳在一起，八年後，他背叛妳與情人在一起，對他來說，不過是重複做一件事，而對妳來說，卻是無法忍受的痛苦。那妳為什麼不想想，當初他老婆是如何接受你們這種關係的？妳又為何不反省一下：我這麼好的條件，什麼樣的男人找不到，為什麼非要跟她搶老公？

早一天反省，早一天清醒，要是八年前就這麼想了，也就不會有今天的痛苦。

所以，不必再糾纏了，不如瀟灑一點，去尋找另外的快樂。人，不能在一棵樹上吊死。

42

「妳想要的我給不了」

【潛台詞】不要指望我了，妳想要的我不想給，還有什麼好說的，就此分手吧！

記得有首歌唱道：「你想要的，我卻不能夠給你我全部；我能給的，卻又不是你想要擁有的。」一語道出了愛情中的很多無奈與不幸。年輕的時候，我們很喜歡這樣的歌詞與情調，認同這樣的觀點與想法，因為彼此相愛，確實有很多不得已。

女友凱米聽了男友的這句話後，在MSN上留言：「親愛的，我一定會等你。」他們的故事開始於兩年前，並不複雜，也沒有傳奇色彩，偶然間網路相遇，男歡女愛，彼此開始交往。

記得當時凱米不怎麼同意，因為她出生在富裕的家庭中，是家裡的獨生女，就算她不是物質女孩，可是在錢堆裡長大，也受不了清貧。男友是剛剛畢業的大學生，沒車沒房沒存款。有時候，越是地位懸殊，越容易激發女孩子的愛心，所以他們還是轟轟烈烈地相愛了。

不過，差別帶來的新鮮感一過，激情減弱，波折就會趁虛而入，不久他們就開始鬧矛盾。倒不是凱米嫌他錢少，而是話不投機。凱米的親戚朋友要嘛是富商，要嘛是高官，所以張口閉口都是某人去國外留學了，過幾天有人請她去馬爾地夫旅遊了，朋友們都換了新車……等等。總之，從凱米嘴裡說出的話，男友聽著就像是天方夜譚，遙不可及。

不過，男友並沒有因此退縮，他覺得憑自己的才學，將來一定也會過著好日子。所以，他每次盡量不往心裡擺，還對凱米表白，自己多麼努力，工作又有了哪些成績，正在考慮如何進一步發展等等。可惜，凱米對這些一點也聽不進去。有一次，男友發了1萬塊獎金，興奮地請她去逛街，結果還不夠凱米半條裙子錢。

漸漸地，他們之間不再和諧，今天不知為什麼吵一陣，明天莫名其妙鬧彆扭。凱米心想，你太不知足啦，我跟你虧大啦。男友反擊她，妳就是個物質女。凱米氣急了，我物質我自己的，我要你什麼物質啦？男友不吭聲，但一臉反感的表情。

吵過後，凱米有些後悔，認為自己不該刺激男友，主動向他示好。男友也會道歉，還說：「妳相信我，我會給妳一個美好的未來。但我現在不敢說什麼，只能告訴妳買不起車買不起房。妳跟我還會受一段時間苦。」凱米感動得倒在他的懷裡，享受愛情的甜蜜。

這樣的日子持續了半年之久。男友的公司舉辦去泰國旅遊，凱米聽說後，急忙收拾行囊。可是她左等右等，卻等不來男友的邀約，她給男友打電話，得到的答覆是：我忙，一會再說。過了不久，凱米再打，對方不接。

一連過了兩天，男友的電話才打回來，原來他一人去了泰國，回來後才跟凱米聯繫。凱米很生氣，男友解釋：「漫遊加長途，我給妳打電話多花錢。」凱米說：「不至於吧！我還不值幾個電話錢。」男友說：「妳這樣說就不對了，我也是為了省錢，知道嗎？這次旅遊人太多了，等我賺夠了錢，我們單獨去玩。」

就這樣，凱米的怒氣轉瞬間煙消雲散。

愛情就是這麼神奇，儘管之後凱米覺得男友不再像從前那般恩愛，好像忙了，對自己的關心也少了，但她從沒想過男友會離開自己。直到有一天，朋友無意間透露，男友有了新歡，她才有了警覺。直到男友親自對她說，準備去外地發展，她才慌了手腳。

男友臨走前安撫凱米：「不要胡思亂想，我絕不是跟妳分手。我只是想多賺錢。我聽人說那邊的空間很大，我計畫好了，用三年時間賺夠房錢車錢，然後回來娶妳，讓妳風風光光嫁給我。」

凱米相信男友，她要等他，等一個盛大而榮耀的婚禮，所以才有了開頭她在網路上的表白。只是這個故事會怎樣演下去，絕不是他們說的和想的，故事恐怕到此結束。男友開著BMW來接凱米的可能性，估計比外星人光臨地球的機率還要低。

【心理剖析】

男人就是這樣，哪怕事實已經證明他不愛那個女人了，也不肯簡簡單單說出「我不愛妳」這句話，反而要挖空心思找出一千個無聊的理由，去搪塞敷衍、去遮掩逃避。從這點看，男人不僅可恥可恨，實則很可憐可悲。

男人說「妳想要的我給不了」，也許真的是能力有限，也許只是一個藉口，但潛在的意思是在告訴女人：我不想為妳負責任了。

真正愛著女人的男人，即便真的一無所有，也會千方百計為她著想，除了物質，還有體貼和關心，疼愛與呵護。總之，他不會讓女人失望傷心，不會放任兩人的關係隨便發展，他很想很想把自己交給女人，包括身心、思想，以及未來。

故事中的男人也許愛過凱米，但在現實面前退縮了，他不能也不想滿足凱米了，因為他的愛已經褪色、變質。他不是為了賺錢而放棄戀愛，只是放棄了與凱米的戀愛。

【見招拆招】

女人很偉大，當男人無法滿足她們的需求時，會說：「沒關係，我一定等你」。可是戀愛是用來等的嗎？戀愛是一種彼此的需求，但不是等待。

在戀愛關係中，女人不必要多麼偉大，只要清醒就足夠了。明白男人的話哪句是真、哪句是假，不要只聽他怎麼說，還要學會看他的行動。

他與妳聯繫少了，說明對妳興趣低了；他為了賺錢離開妳，說明他打算分手了；他說妳可以接受其他男人的追求，說明他根本不愛妳；他說不想戀愛，只是不想和妳戀愛；他叫妳與人多交往，是不想妳纏著他。

一句話，只要是真愛，一切都不是障礙。

43

「異國戀很辛苦」

【潛台詞】我不想和妳戀愛了，哪怕近在咫尺。

去年，好友斐娜帶著女兒去歐洲旅行，到了法國、義大利、德國。這期間她結識了一位年輕帥氣的司機，小夥子是法國人，英俊浪漫，跟斐娜聊得很投機，彼此還留了電話。斐娜是單身富婆，與老公離婚已有幾年，一直獨自帶著女兒生活。說真的，在異國他鄉，偶遇這樣一位男人，春心不被撩撥是很難的，何況斐娜還獨身幾年。

當晚，斐娜就給他打了電話。第二天，斐娜早早出去了，晚上回來看到他的留言，落款處一個大大的「kiss」，真是令人心神搖盪。斐娜知道自己太喜歡這個男人了，很想擁有他，可是能嗎？斐娜很怕一旦上了床，就會失去他。很明顯，兩人來自不同國家，今朝一別何日再見？斐娜是過來人，瞭解感情遊戲的規則。

然而，理性怎麼能抵擋住情感的誘惑。晚上，他來了。斐娜藉口陪女兒睡覺，進了賓館，她想平靜下自己的情緒。他沒有走，一直等，也許太累了，等女兒睡了，他也打起盹。斐娜看著他那張輪廓分明的臉，忍不住彎下腰，吻住了他的唇。

就這樣，斐娜享受了幾天法國式的浪漫愛情。她簡直陶醉了，她無法忘記這個可愛的男人。

儘管回國後她努力克制自己，可是不到一個月，她就失去了自制力。他們又有了聯繫，法國小夥子留了電子信箱的地址，跟她要了照片。斐娜瘋了一樣地想他，不時在網路上留言。但小夥子沒有很快回覆，這讓斐娜感覺不妙。於是打電話，但不是每次他都接聽。不過，斐娜還是很激動，因為對方問她何時再去法國。看來，他也想自己。

斐娜緊張地計畫著再次去法國旅行的事情，當然，這次去說是旅行，實際上完全為了見他。春天來了，相見的日子越來越近，法國小夥子顯然很興奮，語氣中透露出急不可待。

還是上次相聚的地方，他們又見面了。晚上女兒一睡，斐娜和他就擁抱在了一起。

良宵苦短，法國行程該結束了。

晚上，他們帶著女兒一起出去吃飯，像一家人似的開心快樂。夜裡，他們狂熱地歡愛之後，法國小夥子倒在斐娜身邊睡了，沒有告別的話，沒有甜言蜜語。

第二天，斐娜和女兒出門時，法國小夥子親了女兒的臉，又當著女兒的面親了斐娜的唇。斐娜雖然不動聲色，但早已心花怒放，她認為這是求婚的徵兆。當他們揮手再見時，小夥子不忘叮囑聯繫他。

斐娜記住了這句話，到家後就給他打電話，可是一連幾天，對方從沒接聽。這是什麼意思？再過幾天就是他們相識一週年的日子，斐娜想好好跟他聊聊，為此她特意等他下班後撥過去電話。他接了，但顯得很意外，因為斐娜沒用從前的電話號碼。他只說了一句「過會再打」，就掛了，此後，他再也沒有接聽斐娜的電話。

一腔熱情換來冷面相對，斐娜的心情可想而知。可是戀愛中的女人就是這麼傻，晚上她忍不住又打開了郵箱給他寫信。奇怪的是，信發出去不久，就收到了回信。他是這麼說的：妳來法國看我，我很開心，我們在一起，我很快樂。可是抱歉，我們不能繼續這種關係了，相距太遠，這樣的戀愛太辛苦。謝謝妳，還有妳漂亮的照片。

斐娜不知道該不該回信，回信又該說什麼。她那樣愛他，捨不得他，她向我哭訴：「縱然不能相愛，做朋友也是好的，對不對？只要彼此還有聯絡，我就心滿意足，我的生命中不能沒有他。」

【心理剖析】

異國戀，本身就是一個浪漫的詞彙。距離產生的美感，不是一句話兩句話就能說清的，積聚多日的思念化作一腔熱情，一次熱擁，銷魂之愛，那滋味何其美妙？

從內心看，男男女女或多或少都希望有一個異國戀人，不為生活牽絆，只為情愛而思念，遠遠地望著，真切又虛無，渴盼又焦慮，令人陶醉，妙不可言。

儘管如此，異國戀在男人和女人心中的地位還是有所不同。女人，容易感性地愛上異國戀；男人，更多只是當作生活的一段小插曲，可以戀一戀，但不可以長久的愛。

故事中的法國小夥子，要的只是和異國女子歡愉時的不同風情。當他看到女人為了愛而糾纏時，就說「異國戀很辛苦」，意思是警告她不要太癡情，我已經不喜歡這種遊戲了。分手吧！沒有其他選擇。

【見招拆招】

女人的癡情在於不忍放棄任何一段感情，哪怕這段感情中只有她在付出，沒有他人的投入，還偏執地認為這就是愛情。為了減輕分手的痛苦，還要自欺欺人地說：「只做朋友也好。」這不過給自己留一條後路，盼望有朝一日能峰迴路轉，守得雲開見日月。

其實，異國戀情並沒有錯，人類是複雜的感情動物，那個時候遇到了那個人，怦然心動，為情而愛，屬於正常。

不過，人畢竟是社會性動物，不是每種「愛」都會得到祝福，不是每種「愛」都有未來。情動之際，不要忘了「理智」二字，想想這段愛值不值。

44 「家裡人不同意」

【潛台詞】妳想嫁給我，會遇到很多阻礙，我不能幫妳，也不想幫妳。所以，妳最好打消嫁給我的念頭，明白嗎？

陳莎莎和徐國強是我們公司財務部門的一對年輕戀人。陳莎莎比徐國強早畢業兩年，比他大三歲。她很熱心，國強剛來上班時，遇到什麼難題，不管是工作還是生活方面的，都是她幫著處理。有一次，國強做的報表出了差錯，這是個大錯誤，按照規定會扣除半月獎金。莎莎覺得他剛工作薪水低，家又在外地，就主動承擔了過錯，連夜重新做了報表。

國強很感激莎莎，請她吃飯、唱歌。漸漸地，他喜歡上了莎莎。

莎莎並不同意，她認為兩人在同個部門工作，談戀愛太彆扭了。姐弟戀，她可沒想過。但是國強很執著，趁近水樓臺之便，無微不至地關心呵護莎莎。

這樣的愛情攻勢實在難以招架，莎莎不由自主腦子裡時時刻刻都是國強的身影。這時，辦公室的同事們看出端倪，也不住撮合：「莎莎，多好的小夥子，還不抓緊，小心被別人搶了。」「女大三，抱金磚，猶豫什麼？」「我要是有女兒，就嫁國強這樣懂事的孩子。」「在一塊工作多好，免得看不住了出問題。」

看來真是遇到白馬王子了。莎莎開始跟國強約會，其實也沒什麼可約的，天天見面，不過是下班了出去吃飯逛街，然後回到住處說悄悄話。情話總讓人聽不夠，莎莎越發離不開國強了。

他們的戀愛非常順利，用國強的話說：「在同事們監督下，我只有好好表現。」

眼看著戀愛要開花結果，不想麻煩找上門。國強的媽媽聽說了這件事後，堅決反對他們來往，因為莎莎比國強年齡大，她不想娶這樣的兒媳婦。莎莎有些洩氣，國強鼓勵她：「別擔心，我會說服媽媽的。」

莎莎說：「會嗎？看你媽媽的意思，態度很強硬。」

國強說：「沒事，我媽媽就那樣。」

之後，兩人的愛情明顯蒙上了陰影，不再那麼從容和坦蕩。莎莎感覺國強總是有心事一樣，放不開，也放不下。她覺得愛情是兩人的事，如果國強真的愛自己，就該明確態度，不能因為家裡人的意見，影響兩人的感情。國強同意她的說法，但好像遲遲不敢跟家裡人攤牌，反而求莎莎：「妳給我半年時間，我一定會爭取媽媽同意的。」

莎莎有心等待，卻無力回天。別說半年，不到一個月時間，國強自己倒猶豫了，原來爸爸也不同意他們交往。在父母反對下，國強矛盾了，這天午後，趁著辦公室沒人，他提出了分手。莎莎感到很意外，但這是辦公室，她不想讓彼此太尷尬，就故意說笑。

雖然分手了，莎莎還是不能徹底忘掉他，她承認自己喜歡國強，而且覺得他對自己也有感情。前幾天他出差，還打回電話說想她。回來後兩人見面的剎那，真的很想擁抱在一起。

分手後，莎莎給國強打過幾次電話，但他忽冷忽熱，讓人捉摸不透。有一次夜裡很晚了，莎莎忍不住給他打電話，他沒接，再打，接了，卻很不耐煩。

現在的莎莎覺得很委屈，很難過，她想挽回這段感情，又不知道該如何徵得國強父母的同意。

【心理剖析】

搬出父母做擋箭牌，男人意圖給人留下孝順的印象，讓人覺得他有責任心有愛心。不可否認，孝順是美德，可是這類男人的孝順只能說明兩個問題：一，他虛偽，不敢承擔愛情責任；二，他懦弱，甚至幼稚，是典型的幼齒男，人格不夠獨立。

真正愛妳的男人，會把妳放在內心最重要的位置，為了愛情，他會排除萬難，勇往直前，哪怕是父母的反對，社會的壓力，他都會想辦法克服，最終與妳生活在一起。

這不是說愛情不必父母認可，而是說男人如何對待你們的愛。父母的一兩句反對，就改變了他的愛，這個「愛」也太不牢固，太不可靠了。

所以，「家裡人不同意」，只不過是男人一句冠冕堂皇的理由。他對妳的愛，本來就不夠深，有了外力的阻撓，瞬間瓦解了。

【見招拆招】

戀愛中的女人特別容易被打動，尤其是男人那些看似高尚的藉口，女人聽了，不但不煩，還真以為他多麼崇高多麼了不起。被人賣了還幫著數錢，用來形容這類女人一點也不為過。

孝順與戀愛不衝突，因為孝順而放棄戀愛，這種機率並不高。現在，妳為了愛在堅持，他卻一再退縮，你們之間的付出已經不對等了。這樣下去，妳就像掉進了深淵，難有出頭之日。

真正的愛情需要勇氣，才能捍衛住幸福。既然他不夠勇敢，妳一味付出也沒有意義，虧欠的越多，心理越難平衡。

第五章

答非所問——玩曖昧離不開的試探謊言

45 「反正都是一個人」

【潛台詞】目前的我，很寂寞很無聊，或者我現在一個人生活，很需要有個伴，妳呢？是不是與我一樣？如果是的話，我們可有的聊哦！

西西是論壇中的一個小朋友，還在讀大學，前天發了一篇文章：「真無聊啊！文到假期了，怎麼過啊？」不知道這個小女孩想幹什麼，她的文章發出來後，立刻引起很多男網友的興趣，其中一個叫「我行我素」的回應說：「能怎麼過？每次放假時間長了，都是挺無聊的事。有男女朋友的還好，成雙成對，藉機玩個痛快。像我一個人，也就是跟朋友喝喝酒，其他無所謂啦！反正一個人，做什麼都沒勁。」

西西很關注這個回應，即時給了回覆，表示了同感。

「我行我素」興致勃勃地跟著回應：「其實，也不用想太多。放假也可以好好休息，看看電影，聽聽歌，一個人的日子照樣精彩。」

西西開始認同「我行我素」的說法，繼續回覆道：「本來挺羨慕那些成雙結對的情侶，看到他們一起出遊，有些羨慕又嫉妒。現在想想也是，一個人做自己喜歡的事，更好。」

「我行我素」看了西西的回覆，心裡很得意，他知道這個小女孩正在跟著自己的思維前進，所以，他接著西西的話說：「現在的人，戀愛了就把什麼節日都當成情人節過，也不看看是清明節還是光復節，都弄得特別浪漫的。」幽默的語言博得西西和論壇其他人的一陣大笑。

其實，做為旁觀者和過來人，我們心裡都清楚，這個「我行我素」寫的這些話，一方面是在跟西西套近乎，另一方面也在吸引其他寂寞的單身女性。他說的話表明了一點：我是單身，我很寂寞，如果有需要的話，可以聯繫我。

這是一種曖昧的表達方式，也是很多曖昧關係的源頭。

幾年前，我被公司派往外地辦公，由於事情複雜，需要在那裡住半年之久。當地部門一位姓劉的男士很關心我，常常幫我跑這跑那。每次我向他表示感謝，他都會說：「反正都是一個人，理應相互照應。」他與老婆兩地分居，獨自一人生活。說來也巧，他老婆就在我家鄉的城市工作，於是我們之間的關係似乎更近了一層。

轉眼間三個月過去了，一天他請我吃飯，飯後在一所大學旁邊散步。我們順著栽滿桐樹的路邊走邊聊，遠處近處不時有學生匆匆而過，這讓我感覺時光彷彿倒流，又回到了大學時代。

這時，他開口說：「一個人的日子真好。」

「你是說讀大學的時候？」我傻乎乎地問。

「現在不是嗎？」他略帶質疑和挑逗地反問一句。

我沒說什麼，但感覺他的話裡有話。想想，不好再說什麼，就保持沉默。過後，我們之間的關係微妙了許多。他更加主動地幫我，我也很願意與他聊天。這種關係就這樣持續著，不知不覺，我回公司的日子來到了。理所當然，他會給我送行。那天晚上我們都喝了酒，他抓住我的肩膀要親我，我嚇了一跳，立刻躲開了。他追過來，開始不停地表白，還說：「我們都是一個人，在一起沒什麼的。」

從一開始認識他時，他就說「一個人」的話，現在還是這個意思，我聽明白了，他把我當成了排遣寂寞的對象。回想半年時光，我們的關係到底算什麼？朋友？知己？還是其他？我藉故去化妝室，離開了這個是非之地。

【心理剖析】

看似無所謂的一句話，實則隱含著一種暗示：我現在十分自由又十分寂寞，十分渴望有個女伴。可以說，男人用輕鬆的語氣表達了強烈的求愛資訊。

空虛和寂寞是曖昧的溫床，如果女人也是單身，也很寂寞，順著他的意思說「對啊！一個人無所謂」之類的話，那麼就算對上了暗號。不管女人是真心還是無意，男人都接到了這樣的資訊：這個女人感情上也需要慰藉，那麼安排下一步戰略就勢在必行啦。

可見，「反正都是一個人」絕不是簡單的陳述和灑脫的表現，而是男人勾引女性的招數之一，他在試探對方的虛實，試圖引起對方的共鳴，以達到進一步交往、甚至為了解除寂寞直接進入正題的目的。

【見招拆招】

男人說這句話的時候，與女人之間的關係還沒有正式曖昧起來，雙方都在試探階段。如果女方涉世未深、天真感性，很容易被勾引成功，陷入曖昧中。如果女方情感經歷豐富，肯定一眼就能看穿男人的真實用心，知道他葫蘆裡賣的是什麼藥。但是這並不代表她不會被吸引，不會與之曖昧。

即便明知道這是煙霧彈，她還是莫名不去分辨，簡單地相信這不過是一句普通的話，只是陳述了一種生活狀態，只關注「一個人」三個字：單身還是非單身而已。

有了這樣的想法，女人就中了男人的計。即使妳不想與他曖昧，但他固執地認為有機會、有可能與妳曖昧。

單身寂寞，不一定必須接受曖昧，女人應該切記這一點。遇到這種試探性勾引妳的男人時，可以這樣回答：「對啊！一個人挺好的，你有你的快樂，我有我的生活，一個人照樣精彩，多好。」看到這樣的話語，男人一定會有出師未捷的心理，不敢對妳輕舉妄動了。

46 「我感覺妳很神秘」

【潛台詞】我對妳很感興趣，想瞭解妳，探究妳，想與妳交往，直到妳肯接受我。

昨天，收到表姐一份電子郵件，她向我述說了自己在感情上的困惑——

和他認識時間不長，感覺他是個理智、有事業心的男人，談吐禮貌，舉止很有分寸。那天在一起吃飯時，我和他比鄰而坐，交流得多一些。漸漸地，酒越喝越高興，每個人嘴裡的話也多起來，流暢起來，激昂起來。忽然，他略微向我俯俯身，輕輕說了句：「我感覺妳很神秘。」我一愣：「是嗎？」隨後，我們再也沒有談論這類話題。

飯後，大家分手散去，各回各家，各自上各自的班。飯局上的交往向來當不得真，我一直這麼認為，所以對他的印象，還是淡淡的。

可是第二天上班，我忽然收到他的網路虛擬禮物，還有溫馨浪漫的祝福語。我回覆了，表示感謝，心裡多少有了一絲漣漪。這個人挺守信的，昨天要了我的MSN號，今天就與我聯繫，不是那種說了不算的人。

之後，我們的聯繫多了。我瞭解了他是鋼材公司的質檢人員，負責品質安全工作，恰好我老公最近做了筆鋼材生意，需要這方面材料，我自作主張跟他說了。沒想到，他十分熱情，不僅詳細地跟我講解這方面常識、注意事項，還許諾一定會幫忙，讓老公的鋼材順利過關。

我覺得遇到了貴人，很想請他吃飯。他答應了，但飯後他買了單。

這讓我更加不好意思。

由於工作關係，他常常夜裡值班，而且，這裡是他們新近開發的公司，只有少數精英來到當地，他的太太和孩子還留在原來城市。就是說，他一人在我們的城市工作和生活。也許因為這個原因，他有很多時間上網。他跟我說有很多網友，但關係都一般，因為多數人都很俗氣，聊不下去。他說：「妳不同，妳很神秘。」我猜不透他是什麼意思。

漸漸地，我們成了彼此主要的網路聊天對象。每天晚上打開電腦，我都會看看他在不在線上，如果不在，就有一種失落感，如果他忙，會擔心他故意躲避我。

在網路上，一開始我們聊的最多的是文學、歷史什麼的，這是我的強項，每次都會說的他心服口服。後來，他聊的最多的是怎麼做菜做飯，好像他知道我在現實生活中缺乏這些技巧。用朋友的話說，我根本不懂柴米油鹽的滋味，而他，熱愛廚藝，不僅收集了各種食譜，還研發創製了一些獨門絕技。說實在的，每次看到他網路上發的精美食品圖片，我都有流口水的感覺，只是不好意思說罷了。

他耐心地教給我如何做出最好吃的麵條，怎麼煲湯，蔬菜如何搭配更有營養……我很喜歡聽，也很想學，有時候還會想，他為什麼不請我見識一下他的廚藝呢？如果他真的請我，我會不會去他那裡呢？

暑假到了，他去外地考察，很長時間不能上網，也沒有給我打電話。也許這是藉口，畢竟我們都是過來人，雖然沒有說破，可是心中都清楚。就在我試圖忘掉與他的這段交流時，他又出現了，發給我他考察時的一些照片，照片上的他比現實中要年輕、帥氣，目光溫柔。

「是在注視著我嗎？還是在證明什麼呢？」我小心地保存下來，一個人時常去看看。不知道這種感情還會持續多久？長此以往，我們會一直繼續下去嗎？

【心理剖析】

男人說一個女人神秘，表明這個女人對他具有很強的吸引力，他很想探究她，深入瞭解她。那麼，如何開始與這個女人交往呢？以「神秘」為藉口，既給女人強烈的衝擊感，營造一種充滿曖昧的氛圍，又避免直接坦白地表露出自己。

這就是男人的心思，彷彿一場戰爭，開始總是那麼出其不意。

而女人，尤其是高品味女人，她們不喜歡俗套的讚美，而是希望給人深不可測、不能輕易接觸的印象。這樣一來，「神秘」之說彷彿專門為她設計的臺詞，一下子抓住了她的脈搏，讓她對這個男人有了認同感：原來，他能理解，可以看透我。這個人是不是可以成為知己呢？

有了這樣的心思，女人自然會順著男人的心思往前走，豈不正中男人的下懷？

一個男人說女人「很神秘」，是他釋放的迷藥，意在擺一場男女情愛的迷魂陣。

【見招拆招】

當一個男人說女人神秘時，表明他對她產生了探究慾，這是曖昧遊戲的一種開場白。這瞞不過久經情場的女人，但很奇怪，儘管知道這是男人在示愛，她們仍然飛蛾撲火般迎上去。不是不想拒絕，而是難以拒絕。

哪個女人不願男人為之傾倒？「神秘」歷來是她們自認為最好的武器。

但是，女人沒必要為了「神秘」而曖昧，為了男人的「高估」而曖昧。說這句話的男人很可能只是想與妳套近乎，而不是真正地喜歡妳。如果妳不想與之深入下去，大可以說：「是嗎？好多人都這麼說，看來神秘二字貶值了。」男人聽了，一定會有失望和沮喪的感覺，興趣大減。

47 「只有妳才能理解我的世界」

【潛台詞】我想把自己交給妳，希望妳也這麼想。

在這個日趨現代化、資訊化的社會，曖昧的故事層出不窮，與「前任」之間的是是非非，更是說不清道不明。

好姐妹溫淑靜人到中年，今年年初參加同學聚會，與二十一年前的初戀男友又取得了聯繫。男友並非她的同學，但是透過同學拿到了她的電話號碼，接下來的日子裡，開始不停地給她打電話發簡訊。

一開始，淑靜並沒當回事，認為二十多年過去了，各自都有了家庭兒女，好端端的過日子，怎麼可能舊夢重溫？

可是，前男友好像很認真，他的話語熱烈、動人，每一句都撩撥得淑靜激情難耐。儘管她一直強迫自己保持理智，明確告訴他不要這麼做，不要打擾自己的生活。可是她內心深處，明顯感覺自己已經舊情復燃。

最讓淑靜心動的是前男友說的那句話，「只有妳才能理解我的世界」。21年前，他們經歷了一場轟轟烈烈的戀愛，如果不是男友的父母反對，不是負氣之下分手了事，說不定他們就是一對幸福夫妻。初戀是那麼美好、純真，彼此之間無憂無慮地愛著，沒有半點私心和雜念……

淑靜不知道前男友現在的想法，但她覺得自己還是忘不了那段感情。要說這也是人之常情，可是她更明白，不能做出傷害婚姻的傻事。為了斷絕與他來往，淑靜再也不肯回覆任何資訊。

即便如此，前男友還是不依不饒，想辦法與她聯繫，要嘛網路留言、要嘛用其他電話給她打過去，或者乾脆在路上等她。

這天下班，淑靜剛剛走出公司，他就等在了那裡。昨天，他留言說請淑靜吃飯的。淑靜裝作不知道，也不理他，繼續朝前走。他上來就攔住她，伸手請她上車。由於在公司門口，淑靜擔心同事們看見影響不好，所以無奈之下上了他的車。

在飯店坐下來後，淑靜氣呼呼地質問他：「你到底要幹什麼？你這麼做很無聊，讓我很反感，知道嗎？」

前男友漫不經心地說：「是嗎？妳真的很反感嗎？」

淑靜一臉氣憤，沒說什麼。

前男友點了飯菜，都是淑靜愛吃的，然後繼續說：「我知道，我們之間不可能有什麼。妳放心，我與妳聯繫也只是做個朋友。這麼多年來，只有妳最理解我，也只有妳才能理解我。」

這話讓淑靜感動，也讓她不知所措，她清楚前男友流露的絕不是「普通朋友」那麼簡單，她更清楚長此以往下去，自己會被誘惑。人，都有七情六慾，克制不住地追憶之癮，會讓她犯錯誤，再次投入到前任的懷裡，傷害彼此的家庭。

【心理剖析】

「初戀情結」是很多男人共有的心態。多年之後，當自己不再青澀，有了成熟的身心和事業後，男人就想著回頭找初戀的女友敘敘舊、談談心，把當初未竟的戀愛理想逐一實現。所以才會說「只有妳最理解我」，因為初戀情人永遠只有一個，那就是妳。

女人又何嘗不是，明明知道這會是婚姻的強力殺手，可是心底依然忍不住去追憶那些曾經的美好歲月、甜蜜時光。

當前任男友找上門，隻言片語就會再次撩撥起女人的少女情懷。她開始左右掙扎，也難以克制重溫昔日情人身體和感情的衝動。因為，理智告訴她不該做的，感覺卻會牽著她往前走。

男人，比女人更加難忘舊情，尤其是那些曾被自己征服過的女人，永遠都不會徹底忘懷。當初戀情的無疾而終，讓現在的他一而再地想重新回頭，為那段不圓滿的感情，換個新的結局。

曖昧，就在前任之間這樣蔓延開來，成為現代都市流行病。

【見招拆招】

有統計顯示，「前任」是男男女女感情殺手中最重的致命傷。搖擺不定的慾望，會把人傷得體無完膚。

前任說「只有妳最理解我」，擺明了是發出的曖昧邀請函，對此，當拒則拒！

拒絕需要勇氣，還需要能力，別給自己太多貪心的機會，是唯一的辦法。除了有意識地克制再愛一次的衝動外，還可以把老公介紹給他，這是暗示他「我不想再跟你有任何單獨的聯繫了」，同時也是對老公的承諾，「我和他的事情，你儘管監督。」

48 「我是一個很會生活的男人」

【潛台詞】這位紅顏，別再猶豫了，與我交往吧！說不定哪天給妳煮一桌子好菜吃。

真不知道這個社會怎麼了，也許是溫飽思淫樂，也許是壓力大了尋求解脫，總之，我，包括我的那些女友，都已三十好幾的女人，卻紛紛遭遇了曖昧。冷靜的時候想想，覺得不可思議，沒事找事；可是想起那位曖昧的對手，又忍不住心底溫暖，春心蕩漾。

近來，女友靜怡神秘兮兮地向我「報告」，有位客戶對她有意思。她做業務，見多了各式各樣的客戶，對她有想法的人不在少數，從沒見她動過什麼心思，這次是怎麼啦，是人家對她有意思，還是她對人家有意思？她笑了：「就知道瞞不過妳的火眼金睛！」

靜怡的客戶是個上海人，精明能幹，好在靜怡在業務上打拼多年，有的是經驗和技巧，終於洽談成功，將他拿下。進行第一次交易時，靜怡禮貌地請他吃飯，並特意去了上海飯館。上海人顯然很高興，一邊欣賞著店內景色，一邊對靜怡說：「謝謝妳，別看我人在商場，我可是個很會生活的人。」

靜怡附和道：「看得出來您很懂生活。」

上海人很在行地點了幾樣小菜，不忘向靜怡解說，這個菜是什麼特色，有什麼吃法；哪個菜營養如何，什麼時候吃最好等等。聽他說的如此道地，靜怡還以為是美食家呢！

之後，靜怡與他之間的距離明顯縮短，由於他一個人在臺灣，靜怡時常陪他去逛街，買衣服，添置其他用品。從前，靜怡很不習慣中國大陸境內的男人，可是與他交往中有了新發現，這種男人不但為自己考慮周到，還懂得替身邊的女人操心。每次外出，上海男人都會叮囑靜怡該準備的準備好了沒有，有沒有遺漏什麼東西，有時候還替靜怡帶些必備品。有次兩人一起去外地出差，幾天時間裡，上海男人把行程安排的穩穩妥妥，中間還抽出時間陪靜怡購買當地特產。

現在他們在一起，幾乎不聊業務上的事，上海男人說的最多的就是如何熱愛生活，追求生活的樂趣。他告訴靜怡：「賺錢就是為了生活，只知道賺錢的人，太庸俗，活一輩子沒什麼樂趣。現代生活追求高品質，要想活得好，就要想得開。」

在他引導下，靜怡慢慢放開了自己，她覺得這種觀念很正確，人生在世不過幾十年，幹嘛跟自己過不去。於是，她常常主動請上海男人陪自己買東買西，請他參謀自己的衣服是否時尚，梳妝跟不跟跟上潮流？在她眼裡，上海男人儼然一位生活專家。

當然，靜怡也知道他們的交往不太正常，早就超越了普通業務關係，但她無法控制自己，她很想見他，與他一起聊天也好，逛街也好，吃飯也好，總之，在一起的感覺真的很「生活」。

我警告她：「上海男人可以一走了之，妳怎麼辦？老公和孩子還要不要？」

靜怡說：「說什麼呢？我們之間又沒什麼。人家只是會享受生活，又沒把我怎麼樣？」

「你們這叫曖昧，懂嗎？曖昧是很害人的。」我心有體會地說。

靜怡笑了：「不就是曖昧嗎？隨他去吧！真是的，說不定我老公也有這樣的曖昧對象呢！」

這倒有可能。生活，真是讓人捉摸不透，這些互相曖昧著的人究竟是對是錯？畢竟，婚姻才是生活的主菜，曖昧不過是一點點佐料罷了，女人在曖昧遊戲中如果把持不住自己，是不是會鑄就大錯？

【心理剖析】

「很會生活」，其實是說「我可以讓妳享受到生活樂趣」。不管什麼樣的男人，當他對女人表白這句話時，證明他在有意識地「勾引」這個女人。

如果說男人是事業的動物，那麼女人就是生活的動物，她們更樂於享受生活，分享快樂，而不是一路打拚，傷痕累累。尤其是那些暴走職場、商場、官場的女人，更需要一個溫柔的心靈港灣，停泊、歇息、積蓄能量。聰明的男人看懂了女人的心事，所以說「很會生活」，以引起女人的心靈共鳴。

同時，「很會生活」的男人，意在表明自己的生活情趣：「我可以變花樣給妳浪漫，可以把我們在一起的時光弄得有聲有色，可以為妳準備溫馨的晚餐，可以……」總之，他想告訴女人的是，妳要是與我在一起，妳會很快樂，很開心。想想看，哪個女人不喜歡這種男人、這種生活？更何況，現實中太多的女人早已被老公的麻木、冷漠，無視生活所激怒。

實際上，男人的真實面目是：哪怕他真的很會生活，也不是女人想要的生活。

【見招拆招】

「很會生活」是一句非常美妙的謊言，會激發女人心底熱愛生活的美好願望，產生與這個男人一起享受生活的衝動。

但是，男人就是男人，他說的「生活」不是柴米油鹽，也不是一日三餐，而是指兩性關係，是曖昧的表達。在他眼裡，「性」才是生活的本質。

不信看看周圍的男人，蜜月時會炒一手好菜，變花樣討老婆歡心，可是蜜月一結束，興趣立刻從廚房轉移到了電腦電視甚至麻將桌。在老婆發牢騷時，他會理直氣壯地說：「女人不做家務事做什麼？」

揭穿男人的謊言，應該學會反擊。當他表白自己「很會生活」時，假裝恭維：「是嗎？那你太太可真是有福之人。」或者直接說：「這是一種生活態度，但我覺得男人應該把事業放到第一位。」表現出一種無所謂的姿態，不被他的「生活觀」牽著走，女人就會立於不敗之地。

49「我感覺我們有很多共同的心聲」

【潛台詞】所謂心有靈犀一點通，現在我對妳就有這樣的感覺哦！妳不妨試試，對我是否也有同感？

星期六，我請孩子的家庭老師吃飯。她是個22歲的年輕女孩，今年就要大學畢業，正在一家商貿公司實習，業餘時間做家教。飯桌上，她忽然說：「妳和老公挺恩愛的，一定經歷過海誓山盟的愛情故事。」

我笑著回答：「沒有，婚姻幸福與愛情的激烈程度無關。」

她不太相信，說只有愛得深切，結婚後感情才會牢固。我說，這話對，但是愛得深切不代表就要尋死覓活。她哈哈大笑。

停了一會，我問她是不是談戀愛了。

她猶豫一下，沒有明確表示。然後就說起他們公司的經理，這位經理三十來歲，很健談，也樂於助人，對她十分關照。雖然有年齡差距，但他們很聊得來，她有點男孩子個性，什麼體育、時事、遊戲、電影，都能聊。經理很熱心，聽說她還沒有男朋友後，就把公司的未婚男子一個接一個地「安排」給她，有意無意地讓他們聚聚，希望能夠產生「愛」的火花。可惜事與願違，也不知為何，幾個月下來，沒有任何進展，倒是他們的關係越發密切，有空了就在一起吃飯、喝茶，有時甚至還會去逛街。

說到這裡，她看著我說：「我認為一切正常，不是嗎？大學時和男同學也是這麼相處的，聊聊天，逛逛街，解除彼此寂寞，給予對方以慰藉，不管怎麼說，都是好事。用經理的話說，我們這叫有共同的心聲，這種朋友不好遇到的。」

我知道她在等待我肯定的答覆，但我沒有，我說：「你們這樣做，一定招來很多流言蜚語。妳現在很不理解，為什麼人們不能容忍你們，是不是？」

她急忙點頭，訴說道：「是啊！真是讓我大驚失色。我與他的關係被認為『不同尋常』，流言四起，我成了緋聞女主角。我很鬱悶，心想憑什麼栽贓陷害，我們之間是純粹的友誼！為此我質問過經理：『你說，你對我有沒有什麼不良居心？』他回答乾脆：『沒有，絕對沒有，我對妳說了，只是感覺我們有很多共同的心聲，是很好的朋友。』我也是這麼認為的。現在，我們的關係只好由公開轉入地下，並盡量保持好距離。

可是，我再次發現自己錯了。他對我的要求越來越多，不回簡訊他會著急，幾天見不到我就很煩躁。我有意迴避他，但他說：『我對妳確實沒有齷齪的想法，我只是渴望被理解，喜歡與妳談心的感覺，我在我老婆身上找不到這種感覺，再說她也不會干涉我這樣做。』

這是什麼理論？年輕的我實在搞不懂。

接下來的日子裡，我一再迴避他，可是他更加頻繁地找我，與我談論什麼『紅顏知己』、『浪漫主義』，大談現代人情感壓抑很多，生活中可以坦誠相待的人少之又少，認為這是造成離婚率逐年提高的原因，因為沒有可以傾訴的對象，人人都在設防。在一個深夜他還發給我一條頗具煽情意味的簡訊『一個男人，如果生命裡有一個刻骨銘心的老婆，又有一個心有靈犀讀懂你的女人，夫復何求？』

說實話，他的所作所為的確令我感動，但也有些不知所措。」

她一直說，我靜靜地聽著。其實一開始我就明白了，這個經理跟她玩起了曖昧，雖然他一再表明自己的純正用心，並希望繼續交往下去。但是現實很殘酷，陪著一個已婚男人喝茶聊天、逛街吃飯，這樣的女孩子最終不外乎把自己發展成為真正的「小三」。這也是男人心底最真實、最原始的渴望。

【心理剖析】

沒有一個男人會浪費時間，只是為了對著喜歡的女子傾訴苦衷，而沒有非份之想。如果有，也是影視劇中的鏡頭。坐懷不亂之所以流傳千古，就因為那是一個奇蹟，奇蹟不會經常上演。

多少曖昧的情節，都是從「聊天」開始，都源於「理解」二字。生活中缺少坦誠相對的人，傾訴心曲太難，以致於情感壓抑，於是乎為了尋求理解而曖昧，這只不過給了自己冠冕堂皇的理由罷了。

一邊是老婆，一邊是知己，這才是男人真實的渴望。男人都有這樣的心理作祟，希望把身邊的女人安排不同的角色，希望她們圍繞著自己，像一群快樂的小鳥，叫個不停。所謂「共同心聲」，尋求理解，都源於男人心中不知節制的「貪念」——左手老婆，右手知己，齊人之福，豈不美哉。

試想一下，如果故事中的家庭老師，從正面接受了男人的好感，順著他的思路走下去，一旦打開感情的閘門，撤離防線，他們之間還能安安穩穩做一對只談心不談性的男女朋友嗎？果真如此，倒真是讓柳下惠也要汗顏。

【見招拆招】

有人說：與其說男人有一張愛說謊的嘴，倒不如說女人有一雙愛聽謊言的耳朵。當男人說出自己的真實想法：我想與妳做愛時，女人往往會被嚇走；可是當男人說：我感覺與妳有很多共同心聲時，女人會欣然前往。這是顛撲不破的真理，在男人眼裡，女人只分兩種，一種是可以上床的，一種是沒有什麼瓜葛的。既有感情又不會上床的女人，與其說是知己，倒不如說是累贅。發展感情的終極目的只有一個，可以上床。性，是男人最好的情感發洩地。

所以，不要天真地以為男女之間存在著單純的感情，男人如果認為你們之間有共同的心聲，那是因為他的內心深處想得到妳，僅此而已。

面對男人為妳奉獻的撲朔迷離的曖昧謊言，理智而堅決的退出，是最佳選擇。告訴他，女人，永遠只希望自己扮演獨一無二的角色，而不是與他人分享男人。

50

「我倆的星座很般配」

【潛台詞】妳的個性很適合我，我很喜歡，妳是不是也有這樣的感覺？如果是，我們可是有著彼此吸引的天然能量哦！

依辰和我是多年知心女友，在個人情感問題上向來無話不說。這不，最近她向我傾訴，說自己恐怕是喜歡上了一個不該喜歡的人。這人是她多年前的學長，很喜歡她的文字，曾經假扮編輯給她打過電話。依辰雖然喜歡寫文章，卻是個情緒不易表達的人，給人的感覺有些悶，因此與這樣活潑的牡羊座前輩交往，覺得他很有趣，很開心，彼此之間也就逐漸熟悉。不過，熟悉歸熟絡，聯繫並不多，至於感情，不好也不壞吧！依辰感覺他還只是比較欣賞自己，就這樣，已經七八年了。

前段時間，他參加了朋友的婚禮，回來後與依辰網路上聊天，自然而然談到了現在婚姻與戀愛的諸多問題，從電視相親、星座配對，到剩男剩女、離婚重婚等等，談了很多。說著說著兩人開起了玩笑，他對依辰說：「我倆的星座很般配，要不也湊一對吧！」雖是玩笑，可是不知為何，依辰有些慌亂，接著這個玩笑與他聊了很久。當時，依辰想他一定是喝多了，酒興之下開玩笑。誰知，從此之後他每每與依辰聊天，總說些老婆大人之類的話。

依辰搞不懂他究竟是何態度，又不能直接坦白地問一問，擔心這樣會傷害了彼此的感情。也許他只是把依辰當作朋友，順口開句玩笑而已，畢竟只是網路上的一句稱謂，當不得真。可是不問，又很糾結，結果害得自己常常睡不好覺，有意無意就會給他打電話。

週末晚上，依辰與他網路上聊天時，他突然回覆了一句：「等會兒我打電話給妳。」然後就沒有動靜了。依辰知道這不過是快捷回覆的一句常用語，可是還是很高興。天已經很晚，依辰準備下線睡覺了，他還是沒有打來電話。

第二天週一，工作很忙，下班時依辰剛要關閉電腦，就見MSN上亮起他的頭像：「老婆大人，辛苦了。」除了溫馨的「笑臉」外，還送來「鮮花」和「咖啡」。一時間，依辰情思飄盪，感覺自己彷彿回到了十八歲初戀的年紀。

可以說，現在的依辰徹底進入到一種夢幻之中，整日思量他對自己到底什麼感覺？兩人究竟是什麼關係？自己有沒有愛上他？心思被男人牽著，柔柔的、癢癢的，欲罷不能。

依辰清楚他們之間在年齡、家庭各方面的差距，但還是忍不住地想，他是不是因為流言、責任、距離等原因而顧慮不前？或者他只是把自己當作後輩來關心，當作朋友來欣賞？

【心理剖析】

這個男人，明顯是在「玩」。他在網路上半真不假地一句「我倆的星座很般配」，給依辰的強烈暗示是：我們個性很適合，這不是我說的，而是上天注定的。想想看，哪個女人不為之動心？實際上，他在網路上一定還對很多女人說過同樣的話，而且那些女人也都為之心情蕩漾過。

星座般配、屬相有緣，這些都會打動女人心：既然上天給了這麼巧合的安排，為什麼不嘗試一段美妙的情感？男人的這句話，一方面掩飾自己的真實目的，一方面又達到了鼓勵女人將「曖昧」進行到底的目的。既然「般配」，就可以「湊對」，然後天天開玩笑說彼此是男女朋友，張口閉口「老婆大人」，時間久了，就會讓女人產生心理認定，覺得兩人在一起自然而然。

【見招拆招】

遇到男人對妳說「星座般配」之類的話時，首先要清楚一點：自己是不是玩得起曖昧遊戲？如果妳不適合做曖昧遊戲的女主角，就不要追著男人的「話」去思考，可以堅決地說「我和老公的星座更般配」，或者乾脆告訴他「我才不信這一套」、「你可真會開玩笑」等。男人聽了這話，一般都會知難而退，斷了「玩」下去的興趣。當然，有些時候女人可能希望與這個男人交往下去，那麼就要清楚另一點：兩人的關係裡，誰先表白誰先輸。這時，可以擺出一副不那麼拒絕，又不完全接受的姿態。這樣相處一段時間後，如果男人還是沒有任何動作，那麼，就請趕緊轉移下一個目標，他，果真是單純與妳開玩笑而已。

51「我曾經受過很大的傷害」

【潛台詞】我需要安慰，需要女人的溫柔呵護，妳，就是我夢想中的理想人選，快來幫幫我吧！

多年前，我倆是辦公室對桌，面對面坐著，日子久了，好像有了某種感應，我不開心了，他總能察覺到，並說些寬慰的話；他遇到麻煩了，我也能第一時間有所反應。這就叫日久生情嗎？

我是矜持的，並不喜歡眼前這種狀況，對我來說，有壓力。可是我又無法厭惡對面的男人，相處大半年來，他表現很紳士，既沒有不良言行，也非常盡責，有時候還會幫我處理一些問題。這沒有什麼不好，而且我還應該感謝他。我想這麼做，卻說不出口，因為仔細想想，我竟然不知道從什麼時候開始讓我們的關係如此曖昧了。

我們幾乎同時進入這家公司上班，年齡相仿，很快就混熟了，「口水戰」也有，聚會打鬧也有。在一起的時候，總是開開心心，感情日漸加深。

有一次，我們一起出去吃飯。他喝了酒，跟我嘮嘮叨叨說了很多。聽來聽去，我聽懂了一個意思，他的生活不怎麼幸福，離過婚，現在的妻子也不理解他，經常吵架。

想像不出，他這樣穩重的人會有這種遭遇。也許因為有了這次傾訴，日後他開始有意無意透露給我他的不幸故事。他說，他與第一個妻子雖是大學同學，但大學時沒有戀愛過，工作之後才在同學安排下有了約會，然後糊裡糊塗結了婚。沒想到這位看起來文靜賢淑的妻子，婚前婚後作風都不檢點，與舊情人保持曖昧關係。一氣之下兩人離了婚。後來，他遇到了現在的妻子，由於有過婚姻，妻子總是抱怨他、嫌棄他，還把持著家裡的財政大權，從不給他一分錢零花。這也罷了，妻子對他們家人也百般挑剔，從不容忍，弄得他無法跟家人正常來往。

聽他的意思，簡直就是生活在水深火熱之中。對此，我也勸慰過，女人嘛，容易小心眼，你該好好對待人家才行。他說，我盡力了，可是沒有效果。我說那是你不夠用心，你應該怎樣怎樣。本來是討論他的家務事，不料我就這麼陷進去了。從一開始的同情和可憐，變成了心靈的交流與貼近，我發現他對我越來越迷戀，我呢？很想去撫慰幫助他。

我勸他：「你還是多關心關心你妻子吧！不能這麼下去。」

他回答：「有什麼用，她根本看不起我。」

「不會的，她愛你才這麼在乎你。」

「這不是在乎，是侮辱。我要的在乎，是像妳這樣的理解和寬容。」

我不說什麼，心裡卻暖暖的。

他，成了我心頭無法擺脫的影子，喜怒哀樂，隨時出現。

可是我很清楚，我們都有婚姻和孩子，這種關係發展下去注定會很危險。恰在這時，我老公調到了外地工作，我也跟著一起去了。臨行前，他跟我難捨難分的，多次表白一定會去看我。雖然最終成了一句空話，可是多年來我的心裡總有一個細微的牽掛：他，過得還好嗎？

【心理剖析】

這是男人為了吸引女人常用的開場白：我很不幸，我的婚姻很不幸福。言下之意，我雖然已婚，可是我還想與妳共譜新的戀曲。

一眼就能看出，這是個貪心的男人。厭舊，是他喜新的藉口。但是內心深處，卻覺得新舊同在會更好。

男人在向妳表達不幸時，內心想的是如何與妳發展戀情，而妳想的是如何幫他擺脫痛苦。心態雖然不同，卻在你們之間搭建起一座可以溝通的橋樑。

這樣的男人，說白了是感情的無賴，沒什麼了不起。他利用的是女人的善良，試圖用假象矇女人，把她變成自己任意擺佈的棋子。

他會一直拿孩子做擋箭牌，說為了孩子苦苦支撐婚姻。既推卸責任，又不肯委屈自己，這就是他的真實用意。

【見招拆招】

這是一套爛透了的把戲，但女人還是會上當，會無知地相信下去。所以，面對現實的人生，不能那麼善良，永遠都不要聽信已婚男人哭訴婚姻的悲劇。

當他對妳訴說不幸時，不必放在心上，禮貌地表示一下關心，僅此而已，不可當真。

切記，對妳訴苦的男人，也一定會對著其他女人訴苦。這不是什麼新鮮事，學會從他設置的迷魂陣中抽離出來，站在遠處去觀察，他，並非那麼痛苦，那麼不幸，也沒有妳想的那麼優秀，那麼值得愛戀。離開妳，他與老婆孩子照樣活得有聲有色。

52 「不知從什麼時候開始，我已經習慣了你」

【潛台詞】我很享受與妳在一起的時光，妳呢？如果也有同感，那真是太好了，就讓我們這樣下去吧！

在雜誌上看到一篇女孩子的文章，她自稱戈雅，敘述了開始工作後遇到的曖昧難題。故事是這樣的：

戈雅畢業後進入了一家心儀已久的大公司上班，這是令人稱羨的好事，她本人也很珍惜這次機會。當然，大公司內部競爭激烈，人際關係複雜，年少的她事事處處都很謹慎，生怕出了什麼差錯。

不久，戈雅就發現了一位好同事，他是部門經理，三十多歲，長相斯文，舉止有禮。他對戈雅表現出了很大的熱情，工作和生活上都給予細心關照。戈雅以為這是上司對下屬的關心，覺得自己遇到了一位好上司，暗自慶幸。

經理總喜歡把手邊的工作交給戈雅處理，比如發郵件、列印資料，甚至購買私人物品也要戈雅參與。戈雅跑前跑後，雖然忙碌，但很高興，認為這是上司對自己的賞識。

這天下班，經理開車順路把戈雅送回了宿舍，還特地買了一大袋水果送給她。出於感激和禮貌，戈雅邀請經理上樓坐坐，經理倒不客氣，跟著戈雅上去了。上樓梯的時候，戈雅走在前面，她感覺經理的手碰到了自己的屁股和大腿，她當時以為是錯覺，或者是經理不小心，這樣儒雅得體的男人，怎麼會有如此低級庸俗的舉止呢？

戈雅沒有太多複雜的想法。之後，公司聚餐時，經理和戈雅坐在一起，他總是有意無意地碰觸戈雅的身體，戈雅察覺到了，但沒有反抗。餐後舉行舞會，經理邀請戈雅共舞，令她難堪的時刻來臨了，經理貼近了她，還附在她的耳邊說了好多曖昧的話。戈雅不想聽，卻無法躲避，而且她想這可能是成人逢場作戲的遊戲，自己雖然年輕，可是已經工作，應該學會適應這些，不能當真，過了就算了。

然而出乎戈雅的意料，經理不僅沒有就此收手，反而越來越露骨地挑逗她。她工作時，經理會站在她的身後，或者乾脆坐在旁邊，美其名曰「指導工作」，其實暗裡明裡少不了動手動腳。戈雅真的很為難，她不想得罪經理，可是又不願這麼下去。她的小心謹慎不知所措反而鼓勵了經理，他似乎以為戈雅是接受了自己，所以，他開始與她私下聯繫，經常打電話跟她說些下流的話，挑逗她、誘惑她。戈雅呢？礙於情面，每次都是敷衍，盡量應付。

經理從來沒有跟戈雅提起過家庭的情況，但是戈雅從其他同事那裡瞭解到，他早已結婚，有了女兒，一家人還蠻幸福的。

戈雅實在想不明白，經理究竟想做什麼？她很想離開，不想在他底下工作。有一次公司來了新人，她推薦給經理，希望新人能夠替換自己的工作。經理聽了，一本正經地說：「不行，不知從什麼時候起，我已經習慣妳了，妳還是留在這裡比較好。」

戈雅真的很無言。她的一些好友聽了她的心事，反而鼓勵她說：「現在這個社會，誰還在乎那麼多？像妳這種情況，到處都是，沒什麼的，你們又沒有實質的關係，怕什麼，說不定還對妳的發展有幫助。」戈雅心裡認為這種行為不可取，但現實一點，這樣做也確實沒什麼，還能給自己帶來切切實實的好處。

拒絕還是接受？繼續還是斷絕往來？真的讓她很頭大。

【心理剖析】

男人，本質上都是花花公子，最怕沒有女人緣。一旦有個女人在身邊，還是自己的下屬，聽從自己的指揮，那就太方便了。就連美國前總統柯林頓都不放過下屬萊溫斯基，我為什麼不趁機發展一段辦公室戀情呢？

在情感方面，男人永遠頭腦簡單，只求方便，不求其他。所以，女下屬最容易成為男上司的曖昧對象，朝夕相處，彼此習慣，提供了絕佳的戀愛機會和場所。

但是，在情愛面前，男人只會看到享受的一面，不會顧忌後果多麼嚴重。他為了性而衝動，以「習慣」為藉口，要求女人為他付出，卻不去想想柯林頓如何栽在了萊溫斯基的手裡。

【見招拆招】

來自上司的曖昧舉止，總是糾纏不清。這與女人的懦弱有關，她妄想為了工作上的「綠燈」可以「獻身獻愛」，卻想不到這是一場只輸不贏的戰鬥。如果為了短期利益背上「小三」的惡名，傷害會長久持續下去。

因此，面對男人的騷擾，女人的態度要強硬些，告訴他：「我很生氣」，「我很反感」，「我會揭發你」等等。

53 「妳陪我經歷了很多」

【潛台詞】既然有了開始，妳就該繼續與我遊戲下去。別遲疑，別徬徨，我們已經是一根繩上的螞蚱了。

四年前，我推薦了一位叫雪梅的女孩到電信公司上班，這家公司與我上班的公司比鄰，由於她做業務工作，所以經常到我們公司來。不久，有同事對我說，她與我們公司的黎勝強來往密切。黎勝強也是做業務的，起初兩人只是點頭之交，後來不知何時互留了電話，從此不時在網路上聊聊天，通通電話，儘管是一些無聊的話題，但還算開心。

六月份的時候，黎勝強邀請雪梅參加自己的生日宴會。席間，他趁雪梅出去，追到走廊上告訴她自己已經辭職，準備到電信公司上班，有機會與她做同事了。雪梅表示歡迎，與他並肩走進屋內。結果，其他人看見他們，彷彿有了什麼新發現，一哄而起，都說黎勝強在追求雪梅。

之後，黎勝強果然到了電信公司的另一家分店上班，雖然與雪梅不在一起，但他幾乎每天給她打電話，聊些工作上的話題。有時候雪梅很忙，同事會替她接電話。同事們覺得奇怪，偷偷問雪梅：「說實話，黎勝強是不是在追妳？」雪梅的回答是否定的，因為黎勝強確實沒有什麼行動，到目前為止，他們的關係僅僅是朋友而已。同事也會直接問黎勝強是不是在追雪梅，他不給予正面答覆，只是說：「她好棒，很多人追她，很難追到。」

黎勝強也曾約會過雪梅，除了與朋友們一起，單獨也有過。憑心而論，雪梅不反對黎勝強追求自己，無奈他從沒有明確表示，總不會自己先提出來吧！

事情一直這樣曖昧地發展著，後來黎勝強去了其他公司，與雪梅的聯繫少了，見面的機會也不多。差不多一年時間，他們彼此沒有音訊。

一天，黎勝強突然出現在雪梅面前，請她吃飯，隨後交往頻繁起來，可以說天天見面。就在雪梅以為他會提出戀愛時，黎勝強又突然失蹤了，好長時間不見面。過後，他再次突然現身，表現得十分親密。

就這樣，四年時光斷斷續續過去了。想起這幾年來，黎勝強的噓寒問暖，早接晚送，真是令人感動。可是他為什麼沒有表白呢？難道僅僅是男士風度？還是自己自作多情？一次，雪梅忍不住問黎勝強：「你談過幾次戀愛？」他笑笑說：「沒有戀愛過。我這樣的男人誰看得上，哪有妳這般出色，身邊不乏追求者。」

雪梅以為他誤會自己了，就解釋說：「那些只是普通朋友。」她很想說喜歡黎勝強，卻擔心他會拒絕自己。

他們的曖昧關係實在糾結，就連身邊的朋友都替他們著急，勸他們明明白白戀一場。可是這種話誰先說出口呢？在雪梅印象中，黎勝強有一次喝多了，說了句最煽情的話：「妳陪我經歷了那麼多，真的，妳是我生命中非常重要的人……」

四年光陰，經歷是很多，可是這又能說明什麼？雪梅費解、苦惱，不知怎麼辦。

【心理剖析】

「經歷了很多」說明什麼？說明他對她有過好感，有過想法，有過愛，但他不夠有膽量，不夠確定，所以動不動玩「消失」，然後又突然「空降」。他在玩魔術表演，卻不知錯過了愛情剛開始醞釀的魔術時刻。

當然，以「共同經歷」喚起女人的認同感，也是男人的花招之一，既有過去，必有將來，他在引導女人這麼想，希望她會這麼去實踐。

其實，過去也許曾美好，但未來到底是什麼還不確定。

一個「陪」字，映襯出女人曾經的從屬地位，並且給女人的暗示是：既然已經付出了那麼多，為什麼不繼續曖昧下去呢？

【見招拆招】

對於一個喜歡玩「消失」的男人，女人沒必要太當真。過去的已經過去，美好也罷，傷心也好，不過是一種經歷。懂投資的朋友都知道「停損」二字，這在感情上也一樣，我們評估一段感情時，看重的是前景，而不是算計曾經浪費了多少光陰。

故事中的男人有些麻煩，前前後後耽誤了女主角四年時光，還沒有明確彼此的關係。這樣的男人也許優秀，但不值得女人繼續去「猜度」。四年又四年，女人有多少四年時光耽擱得起？

如果真的不捨，倒不如趁機與他攤牌，愛還是不愛？不要被過去牽絆，重要的是你們之間有沒有將來？

如果有些猶豫，乾脆不再想他，更不要想念那些曾經的過去，找個優質男人重新開始，一樣多彩多姿。

54
「有什麼我可以幫忙的，妳儘管說」

【潛台詞】我想與妳親近，請給個理由和機會好不好？

在我家對面的公寓樓內，住著很多工作不久的男生女生，由於賺錢有限，有些人不得不與他人合租一間房，甚至好幾個人合租，聽說還有異性合租的情況。據說，異性合租是比較流行的方式，女孩們希望找個男性做室友，一來有了安全感，二來避免女人之間相處難的問題。

想法固然不錯，現實卻有距離。前天，我路過公寓的時候，忽然看到一個女孩子氣呼呼跑出樓道，嘴裡說：「真是遇見鬼了，他簡直就不是個男人！」看她神色舉止，一定遇到了特別抓狂的事情。

後來，我去參加論壇裡的朋友聚會。到場的朋友有老有少，有男有女，倒也熱鬧。坐在我對面的是一群二十多歲的年輕人，剛剛在這座城市落腳。忽然，我想起公寓前女孩的事情，就問他們：「你們是不是也住公寓？」幾乎所有人都給予肯定的答覆，其中幾個人還說：「我們是合租的。」

說起合租，大家立刻找到了共同話題，紛紛訴說著自己的遭遇。一位女孩看起來開朗外向，快人快語，她說：「別提合租，我現在正想辦法往外搬呢！大家幫忙啊！有合適的房子快介紹一下吧！」另一個女孩問：「為什麼不住了？」她說：「討厭死了，好色男。」

原來，與她合租的男人，已有了老婆，也可能是女友，反正已經懷孕好幾個月。一開始，她覺得與他合租不錯，既有了安全，又有了聊天的對象。那個男人也很熱心，幫她搬東西，替她修理水電，還經常說：「有什麼我可以幫忙的，儘管說。」女孩表示了感謝，與他的交往多了起來。

這下不得了，男人的行為不檢點了，不時地跟她說些曖昧的話，做些輕浮的舉動。女孩很煩，暗示他不要這麼做，可是他不退不懼，照樣無賴。女孩沒有辦法，只好忍著。

忍讓給了男人鼓勵，每天早上女孩到廚房，他會跟過去獻殷勤，一邊搭訕著：「做飯啊！有什麼可以幫忙的嗎？」一邊不請自來地幫著切菜端碗。

有時候，他還會故意放一些色情碟片，聲音很大。女孩十分氣憤，只有裝作不知道，回到自己房間。

這種情況久了，女孩認為「躲」不是最終的解決途徑，所以她很想盡快離開這個好色男。

聽了她的故事，我忽然明白早上從公寓裡匆匆跑出來的女孩，一定也是遇到了類似的情況，有時候，這比遇到鬼還可怕。

【心理剖析】

男人無緣無故對女人說「願意幫忙」的時候，一定存了私心。他更多的是希望以此為契機，與她拉近關係。

男人不願意直接提出非份要求，而是首先伸出幫忙之手，很明顯在展示自己的紳士風度，給女人留下安全放心、可以依靠的感覺。當女人信以為真，認為他真是個好男人，願意與他交往時，他就會原形畢露。

真心「幫忙」的男人少之又少，像故事中講到的合租男，就是「猥瑣男」的典型代表。他如果真的喜歡一個女人，絕對不會那麼輕佻甚至近乎無恥的挑逗。

其實，同在一個屋簷下，久了，男女之間容易產生一種莫名的感覺，男人就會把這當作是曖昧的最好機會。

可是，這種貼身糾纏的男人，一定不會真的愛上這個女人，他只是有著強烈的自私心，要的一定要得到，得到了會堅決扔掉，就是他的真實心態。這種男人不僅無恥，往往也很無能。試想，一個有著上進心的優質男人，每天忙事業，哪有時間糾纏女生？

【見招拆招】

男人糾纏不清時，女人最好保持「冰山狀態」，不要著急發火，也不要煩躁不安，不喜不憂，就是最有力的抗拒。好色之徒最擔心的不是女人煩，而是女人對他視若無睹，一旦女人表現出了高興、生氣，或者煩躁，他都會很高興，因為這說明女人在乎他了，把他當一回事了。任何情緒的變化、言行的交流，他都會當作一種互動，會鼓勵他進一步死纏爛打下去。

俗話說「不打不成交」，就是這麼一個道理。不想被糾纏，就要盡量抽身事外。

做為合租的單身女子，抵制男室友糾纏時，不妨多帶些朋友來串串門子。年輕的單身女子，再長得漂亮些，獨來獨往，簡直要了男室友的命，會讓他產生強烈的征服慾。所以，盡量不要讓自己太寂寞，不要給男人太多想入非非的感覺。

另外，對於糾纏不休的男室友，如果可能，找個新住處也是永久性策略之一。

單身女子切記一點，不要以為自己可以制伏那個無賴男人，妳的「好勝心」會激發他的抗爭慾望，將兩人的關係複雜深入化，事與願違。因此，在這種關係中，退一步，是最省力最有效的自我保護方法。

55

「做妳的哥哥，可以嗎？」

【潛台詞】哥哥有情，妹妹有意，有情有意在一起。

高中同學聚會時，周薇薇和她過去的男同學互留了聯繫方式。周薇薇對我說，當時男女生接觸少，他們並不瞭解，甚至說很陌生。現在人到中年再相聚，她忽然發現男同學幽默風趣，原來是個性情中人。男同學呢？也認為周薇薇聰慧、開朗，善解人意。他們很談得來，常常在網路上聊天。

一開始，他們都是理智冷靜的，話說得隨意，但很有分寸，即便是玩笑，也不過分，彼此都察覺到了溫暖和舒心。在周薇薇心裡，他已經超出了普通朋友的界限。

周薇薇不經意地關心他，心疼他。當聽說他的狀況不怎麼好時，想方設法去幫他。男同學一直在家鄉工作，自從與他有了聯繫，周薇薇就特別渴望回家鄉去看看。

前些日子，周薇薇終於有了機會，她回老家出差時見到了男同學。這段時間，兩人幾乎天天見面，聊天、遊玩、吃飯，相處融洽而快樂。可是好日子總是過得太快，轉眼周薇薇該回去了，臨行前男同學為她送行。酒宴上，周薇薇喝多了，心裡難受，不想離開，結果說出了「我會很想念你」的話。男同學表示感謝，還說多年來一直把她當妹妹看待。

過後，周薇薇有些後悔說出了那些話，畢竟都是已婚的人，說多了是傷害。但是她忍不住去想他，這是事實，與他在一起感覺美好，也是事實。男同學顯然也有同感，時常與她聯繫，以「小妹」稱呼，並表現出強烈的熱心腸，噓寒問暖，好像真是一位大哥哥。

周薇薇已經三十多歲了，可是她對這位「哥哥」的出現，依然如少女般依依戀和開心，她想，只要他不離開，怎麼樣都是好的。只是有時候她也會擔心，這種關係究竟會持續多久？又會帶來什麼結果？

其實，像周薇薇這種哥哥妹妹、姐姐弟弟式的曖昧故事時有發生。

美燕未婚，工作體面，收入頗高，有男友，隨時都有可能走進婚姻殿堂。本來幸福無限的她，最近卻因為一個男人而發愁。這個男人是她同事，比她小五歲，英俊聰明，在公司內人見人愛，贏得了一幫大姐姐們的普遍認可。尤其是美燕，與他特別談得來。

人前人後，他總是稱呼美燕「姐」，美燕順水推舟喊他「弟」，姐姐弟弟常常一起喝咖啡、購物，更多的是一起談心，傾訴心中鬱悶，尋求解決之道。他們之間雖然不是親人，卻勝似親人。

美燕的男友也知道她這個「弟弟」，但他比較開明，不予過多干涉，只是叮囑美燕不要陷得太深。美燕覺得自己很幸運，一方面有個理解自己的男友，一方面有個可以互相傾訴的「藍顏」，豈不快哉。

表面上，「弟弟」一直恪守身分職責，履行「弟弟」的義務，從沒有追求美燕的言詞，但行動上他的所作所為，顯然超出了一般弟弟的範圍。出於女人的敏感，美燕擔心他們之間將來會有「故事」發生，所以她總在想，世界上真有「第四類感情」嗎？

【心理剖析】

男人以「哥」自居時，至少表明他在有意地保護這個女人，希望獲取她的依賴感。「哥哥妹妹」，情感上超越了普通朋友，又低於情人，類似「紅顏、藍顏」的感覺。雖然曖昧，卻沒有實質性的身體關係。

從內心來講，女人是渴望有這麼一位「哥哥式」的男人，安全可靠、情深意重。只是女人不容易把持自己的情感，在交往中會不知不覺將這種關係變味，不甘心只做妹妹，那麼問題就複雜了。

【見招拆招】

女人可以生活豐富，但不能情史豐富。

平衡哥哥妹妹的關係，就不要對「哥哥」抱有太多想法。必要時冷處理一段時間，過了緊張期，再找個理由重新開始。

如果認定了他就是妳的知己，留住他最好的辦法，就是不要發展成為情人。一對男女，做了情人，就永遠不會是知己。

至於身邊的「弟弟」，如果他是妳忠實的粉絲，與妳毫無利益地交往，就要求妳駕馭好自己的感情，不要輕易碰觸所謂的「第四類感情」。即便男友換了一個又一個，他，永遠都不會成為替代者。

男性知己，可以有，但一定要小心謹慎，既不可以逾越情感界限，又不能把他嚇跑。

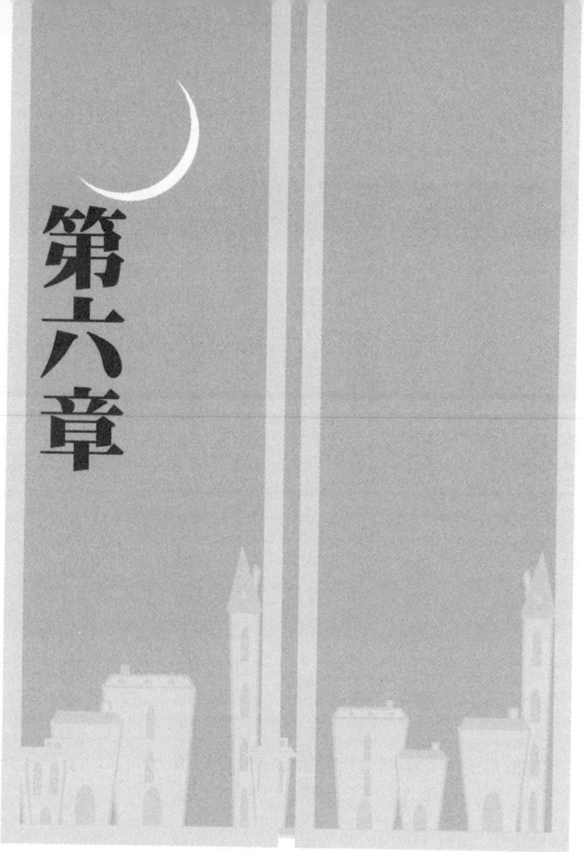

第六章

口是心非——劈腿時為女人編織的迷人謊言

56 「這些話我只能對妳說」

【潛台詞】妳好「偉大」，妳一定會原諒我這麼對待妳。

曼莎快三十歲了，一直沒有結婚。聽人說，她雖然未婚，但是被人包養了，對方比她大八歲，有權有錢。

與曼莎接觸多了，我發現她非常能幹樸實，不像好吃懶做、貪圖享受的「小三」，倒像是標準的賢妻良母。她是如何走到今天這步的呢？

十年前，曼莎國中畢業沒幾年，就從嘉義來到台北打工。像多數農家姑娘一樣，她先後做了很多工作，餐廳服務員、送羊奶工、清潔工等等，工作辛苦，還賺不到幾個錢。為了省錢，她常常餓肚子，因為家裡還有一個等著花錢讀書的弟弟。曼莎的父母身體不好，家裡收入少，弟弟的開銷全靠她支撐。

有一次，曼莎竟然餓暈在路上，有位開車的男士出手相救，把她送去醫院，並幫她做了檢查。她很感激，從此與這位男士開始「不了情」。男士叫何冠生，在一家公司工作，已經成家。他聽說了曼莎的身世，覺得她很可憐，出於同情心，給她介紹了一份工作。

從此，兩人的交往頻繁了起來，何冠生不僅從經濟上幫助她，還從心理上關心撫慰她。

曼莎這樣一個年輕單純的女孩子，身邊又沒有親人、朋友，自然而然對他的依賴越來越重，不知不覺兩人走在一起，開始了同居的日子。何冠生給她租了一間房子，每月給她一定的生活費，並時常到這裡過夜。

一開始，曼莎沒有想很多。可是隨著年齡增長，兩人關係由激情到親熱，由親熱到平淡，曼莎也有了自己的想法，有時候她會問：「冠生，以後的日子就這麼過下去嗎？」何冠生回答：「那還能怎麼樣？」

曼莎不說什麼，從一開始她就沒有逼迫過冠生，而是感激他。他對她講過自己的婚姻，說他與妻子是大學時認識的，畢業不久就結了婚。婚前婚後，妻子的反差讓他無法接受。婚前，妻子溫柔嫻雅，是個人見人愛的漂亮姑娘，婚後，她彷彿變了個人，性情惡劣，懶惰，動不動就生氣撒野。兩人經常吵架，有時候何冠生急了，不願理她，妻子就哭著求他，他沒辦法，只好認栽。

這些話出自心愛男人的口中，曼莎相信，實際上，她對他說的任何話都沒有異議。當說起他們不正當關係的時候，何冠生振振有詞：「妳知道嗎？我和妳在一起才能容忍她，沒有妳，我早就和她離婚了。一個離婚的女人誰要？所以，妳不要有什麼負擔，是妳救了她，她應該感謝妳。」

他還會說，自己這麼做，同時也挽救了曼莎家，如果沒有他，曼莎的弟弟也讀不了大學。

對於這些話，曼莎聽了總不是滋味，她想，我算什麼？我以後該怎麼辦？但她不敢說，也不想說。何冠生說了，這些話他只對她說，從沒有對妻子講過。在她這裡，他才敢心無忌諱地說心裡話。他對她說過很多，而且總愛強調一點，我只能對妳講，從來沒告訴過其他人，包括自己的妻子。

曼莎心想，既然如此，如果我也去計較這些，他肯定不對我講了，也像反感他妻子一樣反感我，那我還有什麼意義？由於擔心，所以忍耐，曼莎就這樣一天天跟他消耗著青春，真不知道這樣的日子什麼時候是個盡頭。

【心理剖析】

花心男人最冠冕堂皇的藉口就是：搞婚外情可以使婚姻更和諧。女人聽了一點都不理解，如此傷害婚姻，怎麼能使婚姻更和諧？男人卻說得理直氣壯，因為婚外情不僅滿足了他的情慾，還滿足了他的貪慾。婚外情，就像一場驚險刺激的狩獵遊戲，既要征服那個婚外女人，還要防備家裡的老婆以及社會中人。

花心男人說：婚外情是為了婚姻和諧。不過，這一切的先決條件是「處理得好」，是男人必須有能力擺平婚外和婚內的女人，所以他極盡所能討好兩邊女人，一面安撫婚外女人「妳是唯一的真愛」、「我只對妳說」等等，這些話是麻藥，麻痺女人，目的只有一個：只要妳不要名分，讓我說什麼都行；一面穩定老婆，盡量不要讓她知道婚外情，即便知道了，也會說「不過是玩玩罷了」。

【見招拆招】

這個世界上，最不值得信任的就是男人所說的「唯一的愛」。從性別上講，男人需要不斷播種才有收穫，靠數量取勝是天性決定，因此他總是不停地找女人，不停地散播情種，這是強大的生殖繁衍功能的表現。

明白了這一道理，女人就要清楚男人的婚外情是怎麼回事：他能腳踏兩船，就能腳踏三船，可惜老天只給了他兩條腿，一下子踏不了那麼多船，只有慢慢切換了。所以，「只對妳說的話」，如果其他女人也信，也會對她們說。

對這種男人，女人沒必要客氣，哪怕他有恩於妳，也要明白恩情不等同於愛情。你們之間也許有愛，但不現實的愛不踏實、不長久。曼莎如果用一生回報何冠生，後者求之不得，可是她付出的代價太高，不值得。

放棄一段感情很痛苦，但無止境地麻醉自己，躲避現實，也不是長久之計。

女人，需要勇氣、需要擔當、需要自信，不要迷戀那些情話，因為他對妳講的，一定不比對自己老婆講的更多、更隱私。

57「妳比她要理解我」

【潛台詞】我就知道，只有妳心甘情願做我的情人，她，是做不到的。

吳玉婷和我是好友，認識多年了，從她戀愛時起，我就知道她遇到了一個多情種子。可憐的吳玉婷，傳統又老實，只能任他欺負。

兩人經歷了長達六年的戀愛，從一無所有到生活無憂，既有甜蜜，也有吵鬧，這本是尋常事，可是吳玉婷的男友不這麼想，每每與吳玉婷吵架了，就跑到外面尋找安慰。吳玉婷呢？一直認為自己愛男友，他也愛自己，所以不但不怨恨他，反而覺得他出去找慰藉，是自己做的不夠好。

天底下哪有這樣的傻女人？

兩年前，他們終於結婚了。吳玉婷想，多年苦熬修成正果，不容易，一定要好好過日子。她是這麼想，她老公卻惡習不改。婚後，他們之間的感情趨於平淡，用老公的話說，沒有了愛的感覺，也沒有了共同語言。他開始經常不回家，對吳玉婷不聞不問。

直到有一天，有個年輕女孩找到了吳玉婷，對她說：「我和妳老公戀愛很久了，他喜歡我，他說我比妳更理解他。」

吳玉婷傻住了，與老公又吵又鬧，然後冷戰，提出離婚。老公不同意，他還保證以後再也不會拈花惹草，讓吳玉婷相信自己。吳玉婷妥協了，不過這次打擊對她影響還是很大，她不再像從前那樣信任老公，變得疑神疑鬼，經常檢查他的手機，查看他的日程，回來晚了會盤問。

當然，沒有哪個男人喜歡這種日子，吳玉婷的老公煩了，乾脆不理她。結果吳玉婷更覺得他心裡有鬼，一來二去，他們除了爭吵，就是冷戰，過得很不舒心。

儘管如此，吳玉婷還是慢慢淡忘了老公出軌的事實，希望一切從頭再來。可是老公會給她機會嗎？沒過幾個月，吳玉婷聽說老公又有了新歡。

吳玉婷的老公十分在意這位新歡，對她說：「妳給了我想要的愛、關心和理解。我在老婆那裡得不到的，只有妳能給我。」

吳玉婷聽說後，大怒道：「那你當初為何和我結婚？你出軌我不該管嗎？」

老公說：「妳現在不理解我了，我只能去找理解我、愛我的人。這是對我心裡的一點安慰，懂嗎？」吳玉婷無言，後悔，甚至想到是自己做的不好他才出去鬼混。

老公一邊愛戀著新歡，一邊繼續著婚姻，他對吳玉婷說：「我不是想與妳離婚，可是我也不能立刻與她斷絕來往，我不想傷害她。在我痛苦時她陪我、安慰我，我要離開她也只能慢慢來，一點點冷落她，疏遠她。」這樣的話吳玉婷還能相信嗎？誰知道他在新歡那裡是如何表白的？

一點不假，她的老公在新歡那裡從沒有提過分手的話，而是非常迷戀與珍惜，一再強調她的愛和理解，表示自己愛的人只有她，與妻子之間早已沒了愛情。

【心理剖析】

「理解」，是男人常常採用的婚外情藉口之一。這樣的藉口給了他充足的理由。不是嗎？與不理解自己的女人在一起，多麼痛苦，多麼值得同情。那麼另外尋找理解自己的女人，就成了理所當然的事。話是這麼說的，事情卻不見得真是這樣。與一個女人結婚生子，一起過了好多年，忽然間「不理解」了，不是很可笑嗎？

其實，男人對女人說「理解」，不是普通意義上的互相瞭解與尊重，也指性的溝通與和諧。當他對情人說「妳更理解我」時，一定在強調他們之間的感覺更好更妙。

也就是說，男人嘴裡的「理解」，不是理性的，而是感性的。這句話給婚內婚外的女人帶來了極大的殺傷力，老婆會覺得自己做的不好，有了內疚感；情人會想我在他心目中真的很有地位，他一定會更愛我。同時，情人還會想到，為了長久的愛，不能做出不理智的舉動，既然理解他，就該包容他。

一下子，男人的目的達到了，「理解」成了女人頭上的緊箍咒，稍有差池，男人就說妳「不理解」他，這會讓妳提心弔膽：他會不會去尋找新的「理解」？

事實正是這樣，男人的「理解」是不長久的，他現在需要妳的理解，不代表日後也需要。一般情況是，他一直在尋找「理解」的路上不停奔波，奔波……

【見招拆招】

很明顯，這種男人自以為聰明，能掌握得住女人，因此不太好管。

在他眼裡的愛，自私而且霸道，不會為了哪個女人而犧牲自己。他的愛情詞典裡，沒有「責任」二字。他說的理解，就是讓自己過得更好更舒服。

對女人而言，這種男人是不是愛妳，不重要，重要的是他的愛能不能給妳帶來快樂。雖然一再標榜「理解」，可是他不會給任何女人帶來快樂。這種男人，愛，不如不愛。

他不是情聖，只是花心，他從不約束自己，任由時間消耗自己對每個女人的興趣。興趣沒了，你們也就分了。

對付這種說「理解」的男人，婚外情人不可一味相信而且癡迷，告訴他：「我理解你，但你理解我嗎？我想現在與你結婚，做得到嗎？」估計他立刻就會逃走，甚至對妳嗤之以鼻：「這種不要臉的女人，也想要婚姻！」當然，這句話不一定說出口。他如果沒有對妳失去興趣，還會繼續騙妳：「等我好啦，妳最理解我，不要逼我。」

其實，任何婚外情都是看著誘人，吃著可口，卻沒有任何營養價值。

58 「如果妳離婚，我會和妳在一起」

【潛台詞】我是說，妳最好不要離婚，離婚了，我也只能像現在一樣，還是不能娶妳。

在情感方面，任何人都有可能犯下低級錯誤，其實也不能說是「錯」，更準確一點應該是為情受傷。這一點傷如果處理不好，很可能感染化膿，直至影響到生命安全。同事瑞瑞的「情傷」目前就有些嚴重，對她來講，不亞於滅頂之災。

瑞瑞本來有一個幸福的家庭，老公能幹，孩子懂事，和樂融融。可是她不知為何與一個有婦之夫發生了婚外情，用她自己的話說，真是糊裡糊塗上了賊船。要說糊裡糊塗，是她不夠理智，但可以想像，在情感方面她一定是受了誘惑的，情不自禁的，或者她為了性而動了情。總之，她跟那個男人好了，而且東窗事發，被自己的老公發現，提出離婚。

瑞瑞一直很欣賞自己的老公，也從沒有想到會與他離婚，但老公很堅決，無法忍受妻子的背叛。現在，瑞瑞即將失去老公，自然對那個情夫更加依賴。當初，兩人少不了甜言蜜語，也有過對未來的展望，那時他曾經說過如果瑞瑞離婚了，就會和她在一起。

這句話成了瑞瑞的救命稻草。既然老公已經鐵了心離婚，也只能如此了。好在還有個情夫墊背，雖然他比不上老公優秀，但自己離婚了，再嫁也不至於太失敗。

瑞瑞是這麼打算的，儘管與老公離婚讓她心生悔恨，但她沒有絕望，她一直等著情夫的好消息。

瑞瑞瞭解自己的情夫，他之所以與瑞瑞來往，很大原因是由於與妻子兩地分居，為了排遣寂寞尋找情人。當他聽說瑞瑞離婚的消息時，一方面要求瑞瑞完全信任他，一方面又說不能立刻拆散自己的家庭。

瑞瑞只能乾等，等得久了不免心生怨言。情夫倒是很會說話：「這種事急不得，急了會出事。」

能出什麼事？瑞瑞聽說，他妻子為了挽救他們的婚姻已經回到他身邊，結束了兩地分居的生活。這樣下去是什麼結果？大概是他們夫妻會逐步和諧，瑞瑞只是徹頭徹尾的局外人。

不是嗎？瑞瑞與他十天半月見不上一面，而他與妻子朝夕相處，過著名副其實的夫妻生活，這一切與瑞瑞又有什麼關係？

時光荏苒，瑞瑞離婚接近一年了，情夫還是周旋於她和妻子之間，沒有任何選擇。瑞瑞逼他急了，就是一句話：目前只能維持原狀，不能莽撞。瑞瑞聽了這樣的言詞，後悔到腸子都青了，自己為之離婚的男人，竟是這麼軟弱的人，既要愛情又怕壞了名聲，真是窩囊到家，不值得，太不值得了。她很想退出，不再繼續這場毫無意義的三角遊戲，可是她又覺得太「虧」。為了他，婚也離了，家也散了，難道就這麼不了了之，任他逍遙自在？

不退出就只有等，可是瑞瑞看看鏡子裡的自己，容顏很快就會老去，究竟要等到什麼時候？而且他明顯已有了動搖，自己對他的愛也不是無怨無悔，這樣糾纏下去如何了結？

放棄也難，繼續也難，兩難之間的瑞瑞最痛恨的還是他那句承諾：妳離婚了，我會和妳在一起。

【心理剖析】

男人的心思，太多太複雜，一面慾望太多，渴望成為《鹿鼎記》中的韋小寶，有好多老婆圍在身邊；一面還想做護花使者，為身邊所有女人遮風擋雨。另外，他也想樹立好男人形象，透過穩定的婚姻獲取社會地位。

這就是男人。

所以，說了不算，算了不說，皆因慾望太多太強，超越了他的能力範圍。

情濃時，他會一而再地發誓：娶妳娶妳。這也許是他的心裡話，但絕不是他肯付諸實踐的心裡話。如果妳離婚了，如果我沒有老婆，如果……太多的如果，限制了太多條件。

其實，女人離不離婚，都可以在一起，沒有離婚的女人，反而多了偷情的刺激。離婚後的女人，多了自由，不一定多了感情，對他來說，兩人的關係和從前一樣。甚至讓他覺得這個女人太絕情，可以離開前夫，如果娶了她，不也可以棄我不顧嗎？

所以，男人勸女人離婚，為的是方便自己。方便自己有了兩個可以自由交往的女人。

至於離了再娶，這種傷筋動骨的傻事，男人不會做。一離一娶，還是一個女人，卻麻煩多多，誰肯做呢？

【見招拆招】

女人的愛，總是比男人更浪漫，比男人更受傷。

男人的愛即使再深，也比不過他對自己的體貼。如果他真的為妳拋下了一切，只為妳而活，那跟著他算是一種報答，也是一種信任；如果他遲遲不肯行動，就算了吧！他也不過是妳人生的一個過客，越早結束越好。

可見，在婚外情的遊戲中，學會保存實力，是女人提高幸福指數的一個籌碼。

59 「我們不是情人關係」

【潛台詞】我們是純粹的愛情關係，勇敢點，繼續做我的情人吧！

剛剛大學畢業的佳貝對我說，她被同一個男人騙了兩次。這段糟糕的感情起始於四年前。佳貝和這個男人是高中同學，在畢業晚會上，他們發覺彼此竟然那麼投緣，於是一發不可收拾，確定了戀愛關係。

很快，兩人各自考取了大學。不多久，佳貝聽從家裡的安排到國外讀書，自此電話、網路成了他們的聯絡員，每天發簡訊、打電話、網路聊天是必修課。這種思念的情緒持續了不久，佳貝發現男友變了，關心少了，後來一打聽，男友瞞著自己跟其他女生開始交往。

佳貝十分氣憤，加上距離遙遠，逐漸斷絕了與他來往。

四年後，佳貝大學畢業回國工作，很快，前男友聽說了她的消息，與她取得了聯繫。這出乎佳貝的想像，她覺得措手不及。前男友還是那麼能言善道，而且似乎更懂女人心了。他晚上十二點多了給佳貝打電話，用四年前的親暱稱呼說：「貝貝，我還是那麼喜歡妳，真的，這次見到妳，我才發現，原來我是愛妳的。我一直想跟妳說對不起，可是我一直不敢，現在我正式向妳道歉，乞求妳的原諒。」他一連幾個晚上都打來電話，每次都聊三四個小時，凌晨三點了才說：「要不是擔心妳明天上班，我會一直跟妳說下去的。」

女孩都是喜歡甜言蜜語的，佳貝也不例外。在這些爆炸式的煽情言語下，她情不自禁地說：「我原諒你，原諒你了。」

男友不失時機地表示：「貝貝，等我，我會天天給妳電話的。」

就這樣，這對分手的戀人又開始交往了。佳貝追憶四年時光，想到為了忘記他而拼命讀書的經歷，想不到如今他又回頭，是苦是甜，百感交集。

當然，如今的好不同以往，佳貝問他是不是單身，他含糊其詞：「我早晚會和她分手的。」當初那個插足他們感情的女孩，現在還在他身邊，但他表示，一個月後會和她分開。他還說，目前女友的家庭條件太差，錢不錢他不在乎，但是不同的家庭背景養成了不同的生活觀念，所以他們現在分歧很大，根本談不來，還是佳貝最懂他。

佳貝能相信嗎？她遲疑，她傷心，更覺得自己的介入，是一種莫大的諷刺。所以，她還是盡量與他保持距離，不想把他們的事情暴露於大眾面前，就是說，她為自己留了退路。

一天，佳貝參加同學聚會，原以為他不去的，但他去了，還當著同學們的面與佳貝親熱，表示出不同一般的關係。佳貝十分難堪，設法躲避他，但他不放過佳貝，拉著她的胳膊說：「我們不是情人關係，妳怕什麼？」

聽他的意思，佳貝是他的正牌女友，而不是第三者。

這次事件給了佳貝勇氣和信心，她盼望著盡快與他真正在一起。但是，事情沒有按照佳貝的意願發展下去，不久她聽說他要結婚了，新娘不是自己。佳貝徹底發狂，可是他根本不見她。從他的網路相簿裡，佳貝看到了他的結婚照，可是自己算什麼？佳貝怎麼也不相信自己被同一個男人騙了兩次，而且騙的這麼乾淨俐落。

【心理剖析】

情場老手最懂得心理學，他知道，哪怕是謊言，只要能讓女人心動，她就會願意相信。所以，取悅女人就成了男人的必修課。並非有那麼多愛值得分享，而是男人特別害怕寂寞，耐不住寂寞時，他一定會找新人來補舊人的位。

這是男人的硬傷，但他樂此不疲。

最高明的謊言一定是虛虛實實，難分真假，讓女人欲罷不能，難捨難離。

對情人，男人表現得一定像夫妻，給女人強烈的暗示：看見了吧！我可是把妳當老婆對待的。一來減輕女人的心理負擔，死心塌地跟著自己；二來證明自己的愛很真很切，他們的關係可以長久下去。

其實，男人說的與想的相去甚遠，他說「我們不是情人關係」，心裡想的是如何維持好這段情人關係。在他心裡，一定把老婆和情人分得清清楚楚，哪怕老婆再蹩腳，情人再出色，她們也不是同一級的人物。至少在他心裡，老婆就是老婆，情人只能是情人。適合戀愛的，不一定適合放在家裡。

【見招拆招】

還是那句話，一個「小三」再出色，與正室也是無法比的。即便妳在男人心中的地位再高，前面始終擋著「正室」這座高山，想翻越，很難。

回到故事中，佳貝的前男友出爾反爾，明顯對她不夠尊重。這樣的男人，可能優秀，但不會給女人幸福。

前男友也許把佳貝當作了理想的婚姻對象，因為條件適合，還有舊情，但這不代表他一定會娶她。一個優越感十足的男人，需要的只是多一個女人牽掛他，這種感覺很好。

這樣看來，已經受過兩次傷的佳貝，當真沒必要受第三次傷。

縱然他哄妳，推崇妳，但這與以前的傷害相比，很虛偽，不切實際。受過「小三」的傷，再回頭做小三的「小三」，太低賤，不值得。

戳穿他的謊言，告訴他：「現在與你交往，就是情人，明白嗎？我們之間已經無法回到從前了。」事實就是事實，天大地大，不要被這個男人耍著玩了。

60「現在我和妳最有默契了」

【潛台詞】現在妳最適合做我的情人。

晚上看電視，一個愛情劇正在熱播，講述女大學生與白馬王子的戀愛故事。女大學生涉世未深，甚至是第一次戀愛，白馬王子英俊瀟灑，對她體貼關心，浪漫有加。每天都送上一朵玫瑰，到了週末請她吃飯，假期帶她旅遊。這還不算什麼，白馬王子還給她準備了漂亮的公寓，陪她挑選名貴的服飾，讓她過著無憂無慮的生活。

一切看起來都是那麼美好，那麼令人嚮往，幸運女神似乎特別關照這位女大學生。一次，她病了，白馬王子正在外地出差，聽說後扔下手頭的工作，當即搭機返回，守護在她身邊，日夜照料，呵護備至。其他病友見此，無不誇獎：「妳有這樣的男友，真是有福啊！」女大學生也覺得自己很有福，依偎在他懷裡，病情很快好轉。

沒有人懷疑白馬王子對她的愛，她的好友們無不羨慕語嫉妒：「妳上輩子怎麼修行得這麼好，遇上了絕種好男人，我們可怎麼辦！打死也找不到這麼好的啦！」

女大學生沈浸在愛河中，幸福而甜蜜。直到有一天，她在遊樂場意外看到自己的白馬王子，一手牽著端莊秀麗的女人，一手牽著可愛漂亮的女孩子，她們是他的妻子和女兒。

真相大白，女大學生決定與他分道揚鑣。白馬王子趕來了，哭訴、哀求、懺悔，說盡了好言好語，表盡了愛意溫情。她心軟了，畢竟是兩年感情，怎能說斷就斷。她仍然覺得他是好男人，他說：「和妳在一起最有默契了，所以我早就想到了，妳一定會理解我、原諒我、瞭解我的苦衷。」他說與妻子之間的不和諧，妻子人很好，也很受尊重，可以說沒有什麼好不滿意的，但總覺得少了某些東西，激情、默契，還有感覺。比如性生活方面，妻子就不如女大學生更有感覺、更搭調。

女大學生抱定了與他繼續下去的決心。她家裡人可不願意，輪番勸告，警告她不要執迷不悟，勸她回頭是岸。可是她聽不進去，白馬王子在她心裡生了根，發了芽。她固執地相信他們之間有真愛，因為他說過：「對妻子只是責任，對妳才是愛情。」有什麼比愛情更珍貴？有什麼能超越他們的默契？

【心理剖析】

扮演「好男人」的男人，在謊言揭穿後繼續撒謊，「我和妳最有默契了」，目的是強調自己的愛，否定曾經的婚姻。如果說他對老婆只是責任，那麼責任基於什麼？結婚的基礎是彼此的感情，把責任從愛情中抽離，這種男人沒有資格談論愛。對他來說，愛是佔有，所以他會像呵護寵物一樣對待女人；他來求女人，軟硬兼施，是因為他知道女人吃這一套。

小有成就的已婚男人最懂女人心。披著「愛情」的外衣，豐富著自己的情感世界，在「性遊戲」中樂此不疲。

【見招拆招】

謊言被戳穿，還要跟那個男人繼續下去，女人真是昏了頭。其實，這種女人本質上缺乏獨立自主的能力。

女人需要寵愛，但不需要像寵物一樣的愛。這種愛，說白了只是佔有，是私心。在男人心中，妳只是一個玩物而已。

擺脫這種境地，需要很大的決心和勇氣，更需要完全獨立的個性和能力。看清男人的本質，沒必要為了他的私心而奉獻愛心。他成熟、他老練、他有風度，但他不是妳的白馬王子。

走出這段迷情，告訴那個男人「我會找到比你更有默契的人選」，然後義無反顧地開始新生活。

61

「我不會影響到妳的家庭」

【潛台詞】拜託，請扮演好情人的角色，千萬不要妄想破壞我的家庭哦！

志超是個花心大蘿蔔，風流瀟灑，處處留情。由於工作關係，他常常在各個城市間飛來飛去，於是每到一處，很快就會建立起「根據地」。他從不隱瞞自己有婚姻的事實，還會對那些已婚的女人說：「我不會影響妳的家庭。」為了避免麻煩，他特意挑選一些「高智商」的女人搞婚外情，用他的話說，那種一不留神就讓老公發現與他人有染的女人，不配與他戀愛。

可是，不是每個女人都這麼聽話，每一次外遇都這麼順手。有一次，他在外地泡了一個少婦，兩人的感情迅速升溫，最後竟找上家門，與他老婆當面攤牌。

志超很堅決地向老婆認錯，保證斷掉這段婚外情。

少婦十分傷心，不肯接受他的要求。但事先志超已經說了：「我愛妳，不一定就要永遠與妳在一起。愛情是神聖的，婚姻是世俗的，我不想破壞妳的家庭。」

最終，少婦抱著感激他的心理傷心離去。

志超呢？對老婆更加體貼溫柔。多年來，他一直尊崇自己的老婆，每年帶她去國外旅遊，有了什麼榮譽，都是把她擺在第一位。志超很會賺錢，老婆不必為生活操心，而且他也真心待她、感激她。

這位老兄像多數男人一樣，喜歡吹牛，尤其喜歡吹噓自己的情史和性史。這不免會惹怒女性朋友，哪怕這些女性與他沒有什麼瓜葛。

那天，我們在一起吃飯時，不知怎麼就談到了志超的問題。有位年輕率直的女孩毫不客氣地說：「你在外邊亂搞，就不怕老婆也出軌嗎？」

志超說：「不會。」

女孩嗤之以鼻：「跟你泡的女人都瞞著自己的丈夫，你老婆就不會啊？」

他很鎮靜地說：「我做了安排的，她身邊沒有我不信任的男人；再有，她清楚出軌的風險，不會冒險做這種得不償失的事。」

女孩反唇相譏：「看來跟你的那些女人都沒腦子！」

志超聽了這話，不以為然：「她們不同，老公沒給她們什麼，再不給她們自由，還不早就離婚了。我給她們快樂和激情，甚至有物質補償，讓她們更安心跟老公過日子，有什麼不好？」

話說到這個份上，真是讓女人們氣悶，面對這樣一個標準泡良男，可恥可恨！

一位姐姐實在聽不下去了，打斷志超的話：「你自己也有女兒的，做人做事應該適可而止。要是她嫁給你這樣的男人，怎麼辦？」

他不假思索地回答：「我女兒才不會這麼嫁。」

「為什麼不會？萬一她嫁錯了呢？」在場的女人幾乎異口同聲地責問。

志超還是沒有什麼擔心的樣子，說道：「那也沒什麼，我不擔心的。」

眾人訝然，他說：「她從來不喜歡對她不好的人，她不會受傷害。」

明白了，志超是摸準了有些女人的脈：明明男人在欺騙自己，給自己帶來麻煩，還是固執地迷信愛情，認為他就是那個有情有義的白馬王子。

【心理剖析】

有這麼一類男人，專門泡良家少婦，不求真情，但求歡愉。因為這樣的情愛成本低、風險低，一旦不喜歡了，還給人家老公了事，多簡單。

在這類男人的眼裡，出軌純粹是玩刺激，與日常生活毫無關係。就像是泡溫泉，泡泡則已，不能泡在裡面過日子。

所以，他從一開始就對女人表明：不想影響她的家庭，言下之意，妳也不要影響到我的家庭。

看似關心體貼的言語，卻藏著深深的齷齪。碰上這類男人，女人只有自認倒楣，別說真情，恐怕還抵不上普通朋友的情誼。

【見招拆招】

一個泡良男屢屢成功的秘訣在於，那個良家少婦總是執迷不悟。這也是他喜歡泡良的原因，之所以是良家少婦，不僅因為她們心善，還有保守、溫柔、不敢大吵大鬧等性情。一切的一切，決定了她們明知男人在騙自己，還是不忍揭穿他的真面目，不敢把事情鬧大，只是一味忍耐，但求傷害不要太大。

可是，女人的忍耐只會縱容男人無休止地傷害，不會喚起他絲毫的良知。

女人，大可不必如此懦弱。當妳感覺一個男人對自己不好，讓妳不爽時，走開好了。

62

「我和妳的距離比她還要近」

【潛台詞】這個世界上，只有妳肯這麼遷就我、容忍我，其他女人，恐怕做不到。

二十多歲的黃麗敏談戀愛一年多了，才知道對方是個有婦之夫。沒想到自己也會成為「小三」，黃麗敏有苦難言。她是個外表時尚但內心保守的女人，這種事發生在她身上，真是差點要了她的命。

黃麗敏本想一走了之，可是對方的情況讓她猶豫不決。男人有過婚姻，但現在已經與老婆分居，他們分居的原因主要是他老婆不想生孩子。如今他們的離婚協議都商量好了，他老婆也知道他在找女朋友，只不過沒有辦理手續。

這種男人是否值得留戀呢？黃麗敏怪他沒有提前告訴自己還有婚姻的事實，諷刺他說：「你這麼做是想給自己留條後路吧！要是找不到合適的女人就回到老婆身邊，對嗎？」

男人一口否定，說：「不會，我和她已經沒有可能了，沒有妳我也會找其他人。」

既然如此，黃麗敏也不想不堪地退出，就提出讓他盡快離婚的要求。他答應了，但是需要時間。因為他老婆和他合開公司，涉及財產分割；再有他老婆婚前買了幾間房子，而他一無所有，離婚幾乎是淨身出戶。

儘管男人一再強調，如今他和黃麗敏是最親近的關係，與老婆早已沒有什麼來往，但黃麗敏還是感覺彆扭。後來，男人提出了兩個方案，要嘛他離婚，和黃麗敏結婚；要嘛他不離，與黃麗敏就這麼過下去。前者給了黃麗敏名分，可是經濟上受損失；後者無名有份，但能保住財產收入。

黃麗敏拒絕了看似「有好處」的後者，她曾經那麼鄙視第三者，否定這種女人，如今自己卻不知不覺淪落到這個地步，怎能甘心。

在黃麗敏和其他人多方勸說下，男人許諾按照第一方案進行——離婚再娶。

這本來是積極的承諾，黃麗敏也打算委曲求全。可是事實沒有這麼簡單，在相處的時日裡，黃麗敏發現男人從沒有帶自己回他家，在親人去世時也沒有讓她參加。最讓她受不了的是，由於合開公司，男人經常和他老婆見面，商談業務等，不知情的人還一直把他們當夫妻看待。這是多麼滑稽的事。

黃麗敏很想買間屬於自己的房子，男人計畫著，卻久久不見動靜。這時黃麗敏懷孕了，她倔強地一個人墮了胎，這下可惹惱了男人，好多天不理她。

雖然最終兩人和解了，黃麗敏也表示明年要孩子，可是接下來一年時間會發生什麼，黃麗敏心中也拿不準。說的直接一些，這一年時間既是留給他的，也是留給自己的。一個離婚沒錢的老男人，究竟值不值得繼續付出？

【心理剖析】

男人有時候表現得很無恥，他口口聲聲說自己的婚姻瀕臨破裂，但依然不會放棄老婆為他準備的一頓可口晚餐，更不會錯過與情人的每一次性愛。對他而言，魚與熊掌兼得，才是上上之策。

通常，男人越老練在感情上就會越無恥。一個情感豐富的中年男人，真的充滿了誘惑，他有事業，懂得如何關心和愛護女人，也知道如何擄獲女人心。

所以，才有了數不清的「大叔控」，越萌的女人越喜歡大叔，迷戀、愛慕，甚至生死相許。「大叔」真的如此之好嗎？透過現象看本質，大叔的愛，其實沒有想得那麼好，人到中年，真愛和純粹成了最稀罕的東西，他只想著不費力氣地享用女人的身體，炫耀自我實力。

【見招拆招】

自私一點說，愛上一個大叔沒什麼，即便沒有愛的回報，還可獲得物質享受。問題是，當考慮與這個大叔的婚姻時，就複雜了，十年後，妳是三十歲少婦，他已經邁過人生五十歲的門檻，你們之間的懸殊，不是一兩句話就能說清的。就故事中的人物而言，那個中年男人沒錢又沒房，還有說不清道不明的婚姻事實。這些都是婚姻的致命傷。

女人不可太現實，但千萬不能不現實。你們之間的感情，拖得越久，對彼此的傷害越大。二十歲的女生耽誤不起，四十歲的男人更耽誤不起。

金錢，打不敗愛情，但為了金錢而有所顧忌時，愛情終歸會被現實打敗。

女人總怕自己嫁虧了，既然現在已經這麼想了，不如快刀斬亂麻。因為即便你們結婚，在日後的生活中，妳也會不停比較，覺得「吃虧」，進而讓兩人苦不堪言。

63

「和妳在一起很舒心」

【潛台詞】我只是想在妳這裡放鬆一下而已。

雯雯是個年輕快樂的女孩，滿腦子精靈古怪的主意，在朋友圈裡人緣極佳。她從事銷售工作，為了業績不得不與各色人物打交道，但她一直注意把握分寸，從沒有讓那些想法不正的人沾到光。俗話說，常在河邊走，哪有不濕鞋，即便如此潔身自好，雯雯還是遇到了麻煩。前些日子，她與一家公司聯繫業務時，結交了行政部門的經理何宇青。何宇青三十歲左右，人很穩重，也很帥氣。這樣的年齡和事業，照理說應該意氣風發，前途無量。可是給雯雯的感覺，他有些鬱鬱寡歡。為了拉攏感情，雯雯特意邀請了幾個朋友陪何宇青打牌，玩到凌晨五點才住手。

第二天，雯雯給何宇青發了幾條簡訊，當然沒有什麼具體的文字內容，都是些可愛的卡通圖片。何宇青看著看著，忍不住笑出聲來，接下來一整天都很開心。

就這樣，他們的交往順理成章地熱絡起來。何宇青很喜歡和雯雯在一起，喜歡她的活潑、鬼靈精怪，就是一個快樂的泉源。

在交往中，雯雯瞭解到何宇青的一些狀況，他雖然結婚六年了，可是一直沒有孩子。他的妻子患有憂鬱症，這是結婚前妻子告訴他的。幾年來，妻子一直靠藥物治療，因此不能生孩子，必須等到停了藥，才可以考慮生育。一開始，何宇青認為等幾年沒關係，可是沒想到一等就是六年。好在他與妻子的關係不錯，盡量不去觸及「要孩子」這個話題。儘管如此，何宇青心裡還是彆扭，特別是過了三十歲後，工作累了，回到家真想聽到孩子的歡聲笑語。現在的家裡，不僅沒有這些，還充滿了鬱悶、小心、不自在。妻子生性敏感，每每察覺到何宇青情緒不高，她立即聯想到孩子的問題，笑臉少了，病情重了。

這還不算，來自何宇青父母的壓力，給他們夫婦更沉重的包袱。父母想抱孫子，得知兒媳婦這種情況，天天拉著臉不高興。結果，妻子執意不肯與父母同住，何宇青又不能強迫，只好夾在他們之間受氣。雯雯出現在何宇青身邊時，恰好妻子去國外治療，給了他片刻喘息的時間。他感受著來自雯雯的輕鬆快樂，一下子有種如釋重負的暢快。何宇青對雯雯坦白：「和妳在一起很舒心。」雯雯默默地聽著，一言不發。這些年來，她還從沒有聽一個男人訴說心事。

【心理剖析】

鞋子合不合適，只有腳知道。這是說婚姻中的男女關係到底怎樣，外人不可妄加評論。偏偏就有一些男人抓住了女性的好奇心理，喜歡對她們吐苦水，訴說婚姻的不幸。目的不外乎勾起女人的憐愛心、慈母心，來關心呵護自己，甘心做他的情人。

不幸的家庭各有各的不幸，沒有跌跌撞撞的婚姻是不存在。

按照這種男人的邏輯推理，任何婚姻都有出軌的理由，不管老婆多麼好，總有不稱心的地方，找個別的女人尋求慰藉，沒什麼不好。

其實，男人不會幼稚到隨隨便便離婚，而婚外那個女人下意識裡總會閃現與他結婚的念頭，這就是一切矛盾和痛苦的源頭。

【見招拆招】

被已婚男人盯上，女人既興奮又恐懼。興奮的是自己這麼有魅力，吸引了一個有女人的男人，會想到「至少，我比他老婆要好」；恐懼的是這個男人會給自己帶來麻煩，甚至影響到日後生活。且驚且喜，不知所措。

其實，女人完全不必為他如此費神費心。他的快樂和痛苦，是他和自己老婆之間的事，沒有妳，也是如此，何必把自己陷進去呢？說到底，妳不過是局外人，沒有參與的必要。

「和妳在一起很舒心」，不代表妳一定要和他在一起，他舒心了，妳呢？為了個人的舒心而搞婚外情，說白了是在逃避，今天他逃避自己的老婆，明天就有可能逃避妳。

不要被虛榮心矇蔽，不要把自己當成救世主，如果其他男人也對妳訴說這些話，妳要怎麼辦？總不至於也成為他的情人吧！

64

「妳是我老婆就好了」

【潛台詞】我是說，妳還真不能成為我老婆。

公司創業的時候，西西被分派到公司經理李家明手下工作。李家明年已不惑，擔任主管職務，事業有成，春風得意。西西是個三十歲的少婦，對這樣幹練有才能的主管心生仰慕，處處看好，李家明舉手投足，都給她留下深刻印象。西西極力配合李家明的工作，從細枝末節到整體大局都付出了很多心血。

李家明看在眼裡喜在心上，對她格外關照與呵護。不久，兩人由同事發展成了情人，背著各自的家庭偷偷交往。緋聞從來都是長了翅膀的鳥兒，無處不飛，很快他們的事情就被傳得沸沸揚揚，成了人們茶餘飯後的話題。

到了這個地步，西西覺得無臉見人，想起與李家明在歡愛時常說的一句話，妳要是我老婆該多好，便打算離婚再嫁。李家明立刻表示反對，他說：「我是不在乎，可是妳的孩子怎麼辦？傷害了孩子，那我就太對不起妳了。」

說到孩子，西西也心軟了。女兒才五歲，怎忍心讓她難過。

按照李家明的意思，他們的婚外情逐漸冷卻，可是西西很不甘心，為什麼他那麼喜歡我卻不肯為我付出一點呢？他口口聲聲稱呼我「老婆」，把我看作是他的妻子一般，認為我完全可以做他太太，為什麼不拿出行動呢？

其實，這類故事在生活中屢見不鮮，不僅當今如此，過去也是一樣。有個流傳已久的故事歷來為男人們看好，正可以解答西西的困惑與苦惱：

從前，有個商人娶了一妻一妾，妻子是半老徐娘，本份持重；妾年輕貌美，惹人喜歡。由於生意忙碌，他常常到外地去，妻妾不能隨行，就留在了家裡。當地有個風流小生，盯上了他的妻妾，偷偷勾引她們。妻斷然拒絕了他，並將其罵了個狗血淋頭。妾寂寞難耐，禁不起誘惑，與這個男人有了私情。

一次，商人外出經商不小心遇難，再也沒有回來。妾想到自己與情夫的關係，催他趕緊來提親，把自己娶回家。情夫答應了，派人來提親，但是他娶的不是妾，而是那位曾經拒絕他的妻子。

妾大怒，追著情夫質問：「當初她不理你，你現在為什麼娶她？」

情夫回答：「不娶妳，妳照樣是我的情人；娶了妳，妳要是再跟別人好怎麼辦？娶她，她會拒絕其他人的求愛。」

【心理剖析】

沒有哪個女人情願做「小三」，所以做了「小三」，就心急火燎地渴望轉正。轉正需要「主管」批准，可是主管有主管的想法，既然我們合作愉快，為什麼還要多一道麻煩，領一張證呢？費時費力還費錢，現在的狀態就很好，別沒事找事。

但是女人不認同，覺得還是正式合作比較保險。男人看透了女人的心思，為了穩住這段關係，不得已先下手為強——「妳是我老婆就好了」。給女人的暗示是：唉，我老婆可沒有妳好，我很希望妳是我老婆，真的，那樣該多好，該多幸福。

殊不知，女人並不理解男人，看不透他的真實心理。說這句話的男人，一是為了哄女人，讓她樹立與之交往的「信心」；二是告訴女人，妳是別人的老婆，不是我老婆；三，妳很可能永遠都不會成為我老婆，請放棄幻想。

【見招拆招】

要一個跟妳搞婚外情的男人離婚娶妳，希望渺茫。男人只想與妳戀愛，不想與妳結婚。妳要嫁給他，他很得意，這個女人真的愛我，但也很害怕，如果她無怨無悔糾纏下去，該怎麼辦？

所以，很多婚外情一旦有了真愛，就宣告了結束。一旦女人提出結婚，他們之間就完了。

不過，男人總是那麼無恥，既不能婚娶，但也不想很快離開女人，為了達到目的，他只好違心地許諾，虛偽地奉承，「我再過一年就會跟妻子離婚娶妳」、「妳要是我老婆，我就心滿意足了」。溫存的話語加上眼淚，總能打動女人心。

面對這樣的男人，他不仁妳要不義，告訴他：「我即便做了你老婆，也不見得多麼好。」當斷不斷必受其亂，不要再追究以往的情愛了，生活需要放眼未來，忘記意味著成熟。

65

「我要是妳老公，我會……」

【潛台詞】一而再地告訴妳，我不是妳老公，請不要有太多的期望。記住了，我們的關係僅此而已。

程美美有了外遇，對方是個異鄉男人。像很多現代愛情故事一樣，他們的故事也是開始於網路。當時，程美美為了學習心理學，參加了網路上課程培訓。這是個相對開放的網路環境，大家藉著討論心理問題的時機，也會抒發個人的心得體會。漸漸地，程美美和劉威宇關係密切起來。程美美是個表面文弱、內心衝動的女人，她與老公的關係說不上好，也說不上壞。可以說，她對老公沒有很深的認同感，有些瞧不起老公。

在與劉威宇的交流中，程美美感覺到了來自男人的那股霸氣，自然產生了一種好感和依賴。她每天晚上都會與劉威宇聊天，聊得昏天暗地，不亦悅乎。

程美美的老公對她這種做法很反感，又不敢直接反對，只是強調：「晚上聊那麼晚，影響孩子休息。」他感覺到了老婆的變化，想用孩子收住她的心。

程美美不以為然，繼續與劉威宇往來，而且不滿足於網路，開始了電話交流。在更深層的互動中，劉威宇瞭解到她的生活狀況，尤其是老公的不理解和不支持對她造成的心理叛逆。一次，兩人又在深夜聊天，聊著聊著，程美美的老公煩了，從床上跳起來拉斷了電腦網路。當然，兩人又是一頓惡吵。

之後，劉威宇主動打電話關心程美美，幫她分析她老公的心理問題，認為他有強迫型懷疑傾向，並說：「我要是妳老公，即便對妳不滿，也會採取溫和的方式，而不是這麼粗暴的干涉。」

這句話讓程美美很受用，她覺得老公根本不懂自己，與他這種人在一起，簡直就是浪費感情和生命。後來，她常常對劉威宇講述老公的各種問題，每每有什麼錯誤的地方，劉威宇總喜歡拿自己與她老公比較。

不久，程美美和劉威宇一起去參加心理諮詢會議，他們見面了，劉威宇像東道主一樣熱情地接待她，把她安排到旅館，陪她出出進進，接著自然而然地發生了關係。劉威宇是那麼激動，那麼有耐心，用程美美的話說，她從沒有過這樣銷魂的體驗。劉威宇自信滿滿，他給了程美美完全不同的情愛經歷，讓她為之瘋狂。

離開時，程美美是哭著與劉威宇分手的，短短幾日，他們已經難捨難分。距離無法阻隔相愛人的心，他們從此想方設法見面。程美美的心無法回到老公身上，但劉威宇卻不肯離開妻子，而且不讓妻子知道他的出軌。程美美瞭解他，也不想把希望寄託在這種虛幻的戀情中，她還是試圖挽回婚姻，可是老公一直無法與她和睦相處，又不肯痛快地分手。

程美美只好把所有感情傾注在劉威宇身上，為他快樂為他憂，還跟著他在外地生活了幾天，為他洗衣做飯，烹製一手好菜，還親手用藥物洗髮水治好了他頭皮屑的毛病。這讓劉威宇百感交集：「這麼好的老婆，妳老公為什麼不懂得珍惜？我老婆不如妳，我還那麼疼她，妳老公怎麼就不能讓妳快樂呢？」

到底是為什麼呢？程美美已經不想尋求答案，她決定到劉威宇所在城市尋找一份新工作，開始新生活。劉威宇聽了她的打算，表現的並不熱情，他說：「一個已婚女人拋家撇業到外地，親人朋友怎麼看？孩子怎麼辦？而且我是不能給妳承諾的，妳孤身一人怎麼辦？難道真如妳說的透過長期分居的方式離婚，一輩子做我的情人？要是那樣的話，我真是不忍心，妳對我情深意重，可是我不能給妳未來，我很內疚。」

【心理剖析】

一而再表白「我要是妳老公，會……」的男人，在心裡不會瞧得起妳，他壓根沒有與妳有婚姻的打算。他之所以這麼說，是在表白自己的好，貶低妳現任老公在妳心中的地位。他用來比較的一定是他的長處，妳老公的短處。這樣的男人，看不出有什麼值得信任的。不信的話，把妳老公和他換換位置，他能容忍妳的出軌嗎？能與妳一起生活嗎？

這句表白具有很強的殺傷力，一方面放大了女人現任老公的缺點，讓女人越看他越不順眼，一方面強調了自己的優勢，彷彿自己才是女人的真命天子。

可是，表白越多，失望越多。這樣的藉口只能哄住女人一時，卻哄不了一世。當女人提出為他私奔時，他已經開始後悔了。他想的是如何與女人結束關係，最好是她一走了之，甚至還覺得對不起自己，不管怎樣都不能影響他的家庭和事業。

所以，他很會演戲，不會直接提出分手，而是跪在女人面前痛哭流涕，說一直把女人珍藏心底，在每個夜深人靜的時刻，會痛心地想她，恨不能為她死去。

【見招拆招】

老公不是用來比的，而是用來愛的，其他男人再好，也不是自己的，何況妳還不知道他是不是真的很好，因為你們沒有共同生活過。還是那句話，鞋子合不合適，只有腳知道，妳還沒穿過的新鞋，看著漂亮，穿著不一定舒服。

那些強調「我要是妳老公，會……」的男人，其實就是爛人，他想的是像老公一樣佔有妳，而不是像老公一樣負責任。所以，當他再次拿妳老公說事時，告訴他我老公雖然不好，但不是讓人隨便評論的。哪怕我不愛老公了，也要維持婚姻的尊嚴，不能任人污蔑。這是做人的底線。

這樣的反擊很有力度，多數男人聽了都該佩服和尊重眼前的女人，而不是繼續矇蔽她，引誘她。

66

「我說這些沒別的意思」

【潛台詞】事已至此，該分手時就分手，沒什麼好說的啦！

好友韓娟娟是個成熟有思想的女性，最近遇到了七年前的一位舊相識。當年，韓娟娟還沒有結婚，對方已有家庭孩子，比她大很多，曾經向她示愛，可是韓娟娟拒絕了。

如今，兩人再次相遇，經歷了人生風雨之後，韓娟娟對異性有了新的認識和要求，她更看好成熟男人，所以對這個年近四十的舊相識，好感陡增。舊相識不失時機地再次表達了愛意，韓娟娟很輕鬆地接受了。她覺得婚姻之外，還有個男性知己，未必不是件幸福的事。

兩人的交往果如韓娟娟所料，充滿著激情和快樂，可以說，她得到了想要的幸福感。而且，舊相識也很知趣，從沒有想過要破壞韓娟娟現在的婚姻。這和韓娟娟想的一樣，他們只是希望在婚姻以外，還有人陪伴自己走過一段路程，留下某種特殊的回憶。

由於保密工作做得好，他們的私情進行的很隱密。他們經常在一家茶樓會面，談論工作和生活，向對方傾訴心中煩悶。韓娟娟把很多不願和不能跟老公說的話，都講給他聽，一來幫助自己穩定了情緒，二來不會影響到家庭生活，她對這種狀況頗覺滿意。

好日子總是過得特別快，就在韓娟娟滿心以為他們之間會持續下去，至少會有幾年發展時，舊相識提出了分手。

前一天，他們還在一起卿卿我我，親密恩愛，第二天，他就打來了電話，支支吾吾說：「我最近比較忙，恐怕不能經常見妳了，妳要是不想等我，我看就結束我們之間的關係，不再聯繫……」韓娟娟大驚失色，他是什麼意思？斷絕關係？分手？她真的很難理解，前後兩天的時間，怎麼會有如此巨大的差異？她追問為什麼，對方說：「我說這些也沒別的意思，請妳相信我。」韓娟娟哪裡還能相信他，當初，他追求自己時，說盡了甜言蜜語，現在怎麼說分就分了呢？記得他多次說過，如果有一天韓娟娟不理他了，提出與他分手，他會一直等她，等她出現……

可是，韓娟娟還沒有提出分手，他已經早早地做好了撤退的準備。那家茶樓，成了韓娟娟寄託思念的唯一場所，她常常去，幻想著也許他還會在那裡等自己。這無疑是個浪漫的相逢，說不定他是想給自己這樣的驚喜。然而，這只是韓娟娟的單相思，她去了多次，一次也沒有碰見他。後來她忍不住向熟悉的服務員打聽他的消息，服務員搖搖頭說，他很久沒有來過了。

韓娟娟心裡有種說不出的苦楚，她覺得自己被騙了。為了擺脫這種情緒，她一再強迫自己清醒，不要辜負了老公，不能傷害了孩子，不要為婚外情動氣。儘管如此，她的心情還是難以平靜。

【心理剖析】

女人說「男人沒一個好東西」，是指他們從來不肯兌現諾言。今天還說我愛妳，明天就有了新情人。男人的愛，就像細胞分裂，越變越多，到底哪個愛更真實，最後他們自己也分不清了。就是說，男人對一個女人表達愛時，與他的婚姻和其他女人沒有關係，他僅僅是想要你們之間的愛，至於別的，他沒想那麼多。

所以，今天還甜言蜜語，明天就形同陌路，在女人看來不可思議的事情，在男人那裡就很正常，他一定是遇到了外力壓迫，比如婚外情曝光，老婆不依不饒。一個婚外情的男人，不會為了外遇而得罪老婆。回歸，就是他最好的選擇。

「我說這些沒別的意思」，是在告訴女人，我們之間或許有感情，但永遠不會有結果，分手是必然結局。

【見招拆招】

遇到這樣乾脆俐落的男人，也算是不幸中的幸運了。本來妳就把婚外情看作是一次刺激之旅，是奢求，而不是必需品，如果不是他如此決絕，而是跟妳糾纏不清，想想後果多麼可怕。

偷情曝光，不是妳想要的，更不是妳老公想看到的，由婚外情引爆家庭戰爭，這是任何明智的男女都不願做的。

現在好了，他恩斷義絕，逼妳就此收手，對妳來說，既享受到了婚外情的激情，又沒有因此危及婚姻和家庭，該慶幸了。

至於妳心中的不平，無外乎那個男人是不是真的愛過自己？這一點真有那麼重要嗎？婚外情是生活中的一件「奢侈品」，為了「奢侈品」而傷害「必需品」，是傻女人的做法。

國家圖書館出版品預行編目資料

他的謊話，妳的微笑 / 李意昕著.
——第一版——臺北市：知青頻道出版；
紅螞蟻圖書發行，2013.6
面　公分——(Focus；20)
ISBN 978-986-6030-68-0（平裝）

1.兩性關係

544.7　　102010127

Focus 20
他的謊話，妳的微笑
作　　者／李意昕
美術構成／Chris' office
校　　對／周英嬌、楊安妮、賴依蓮
發 行 人／賴秀珍
總 編 輯／何南輝
出　　版／知青頻道出版有限公司
發　　行／紅螞蟻圖書有限公司
地　　址／台北市內湖區舊宗路二段121巷19號（紅螞蟻資訊大樓）
網　　站／www.e-redant.com
郵撥帳號／1604621-1　紅螞蟻圖書有限公司
電　　話／(02)2795-3656（代表號）
傳　　真／(02)2795-4100
登 記 證／局版北市業字第796號
法律顧問／許晏賓律師
印 刷 廠／卡樂彩色製版印刷有限公司
出版日期／2013年 6月　第一版第一刷

定價 280 元　港幣 93 元

ISBN 978-986-6030-68-0　Printed in Taiwan